中学生海洋意识教育系列读本

中国海洋学会
中国太平洋学会　联合推荐

RENSHI HAIYANG
SHENGWU

认识海洋生物

周钟法　编著

普及海洋科学知识　加强海洋意识教育

海洋出版社
2018年·北京

内容简介

本书深入浅出地讲述海洋中代表性生物的物种特点、分布海域、保护措施或利用价值。全书分三篇，第一篇（第一章～第三章）介绍海藻、海草、红树林等自养型生物的常见形式、环境分布、食用价值或环保价值；第二篇（第四章～第七章）介绍腔肠动物、棘皮动物、软体动物和节肢动物中的甲壳类海洋生物，以水母、章鱼、珊瑚、虾蟹等生活中常见的生物为例描述丰富多彩的海底世界，同时说明生物进化的阶段特点；第三篇（第八章～第十一章）介绍鱼类、鸟类、海兽等海洋脊椎动物，全面概括各物种特点、生活习性，重点说明珍稀物种的宝贵价值。本书旨在让广大青少年对海洋生物有一个较为初步的了解，激发他们树立热爱海洋、保护海洋的意识。

读者对象：本书适合广大在校初、高中学生拓展素质阅读，可作为海洋意识教育教材。

图书在版编目（CIP）数据

认识海洋生物/周钟法编著. —北京：海洋出版社，2013.12
ISBN 978-7-5027-8732-5

Ⅰ. ①认…　Ⅱ. ①周…　Ⅲ. ①海洋生物－中学－教材　Ⅳ. ①G634.911

中国版本图书馆 CIP 数据核字（2013）第 271755 号

总　策　划：刘义杰	发　行　部：（010）62174379（传真）（010）62132549
责任编辑：张墨嫘　张鹤凌	（010）68038093（邮购）（010）62100077
责任校对：肖新民	网　　　址：www.oceanpress.com.cn
责任印制：赵麟苏	承　　　印：北京朝阳印刷厂有限责任公司
排　　版：申彪	版　　　次：2013 年 12 月第 1 版
出版发行：海洋出版社	2018 年 6 月第 2 次印刷
	开　　　本：880mm×1230mm　1/16
地　　　址：北京市海淀区大慧寺路 8 号（707 房间）	印　　　张：12.5（全彩印刷）
100081	字　　　数：210 千字
经　　销：新华书店	印　　　数：2001～6000 册
技术支持：（010）62100050	定　　　价：58.00 元

本书如有印、装质量问题可与本社发行部联系调换。

本社教材出版中心诚征教材选题及优秀作者，邮件发至 hyjccb@sina.com

中学生海洋意识教育系列读本
编 委 会

主　　编：谭 蔚

副 主 编：周钟法

编　　委：　许界群　　许金练　　钟灿富　　许 萍

倪子伟　　吴忠露　　童慎汉　　吕海斌

柳碧晗　　陈而兴　　周志艺　　邬 涵

本册作者：周钟法

序

　　提起海洋，人们联想到的除了浩瀚海面、翻卷的巨浪、突兀的礁石之外，恐怕当属海洋生物了。海洋生物是最重要的海洋资源之一，和人类的生活有着密切的联系。过去，它们曾是人类认识海洋的起点；如今，它们正是人类研究海洋的重点；未来，它们将是人类利用海洋的热点。因此，认识海洋生物是认识海洋的第一步。

　　海洋生物是生活在海洋中的各种生物的总称，主要包括细菌、真菌、植物和动物四大类。目前已为人类所知的有20余万种，但这仅仅是海洋生物实际物种的冰山一角，在广袤的海域和深邃的海底，新的物种正在被源源不断地发现中。虽然有人给出现存海洋生物物种数的可能数据，但那大多是基于某种角度的臆测，随着人类的探究，海洋生物物种将会被不断刷新。

　　我国海域位处赤道以北热带与北温带之间，优越的地理环境使我国海域成为全球四大"海洋生物多样性"地区之一。最新调查数据表明，我国海域中已知的海洋生物有2.6万多种，占全球已知海洋物种数的10%以上。然而，当我们在津津有味地品尝海鲜美味之时，对自然造化的鬼斧神工叹为观止之时，不应忘记由于过度捕捞、环境污染、生境破坏和外来物种入侵等因素对我国渔业资源造成的损害，我国传统四大渔场实际上已不复存在，我国海洋生物多样性受到严重威胁，形势已是十分危急。

　　对海洋的认知与保护事关中华民族的复兴与昌盛，本书借助生物分类学中"界、门、纲、目、科、属、种"的归纳方法行文只是服务于"认识海洋生物"这一主旨的编写手段而已，在帮助广大青少年"认"或"识"海洋生物的过程中令他们意识到"海"或"洋"的存在，进而激发他们爱护海洋的热情，才是作者编写此书的真正目的。

前言

本书内容涉及了海藻、海草、红树林、腔肠动物、棘皮动物、软体动物、节肢动物以及鱼类、鸟类、海兽等海洋生物代表性种类，旨在让读者对海洋生物有一个初步的认识，借以普及海洋科学知识，提高青少年探索海洋奥秘的兴趣，增强海洋意识。

本书编写有3个特点：一，试图将社会科学研究的方法和经验运用于海洋生物科学的探索中，视角独特；二，不采用面面俱到介绍海洋生物的教条写法，在内容选择上本着"身边的海洋生物"这一青少年"看得见、摸得着"的宗旨，进而形成"小范围、深发掘"的编写思路；三，主要内容经过课堂教学反复实践，更加贴近中学教学实际，最大程度地满足中学生的心理特点和知识需求。

本书可以作为中学开展"海洋意识教育"的课程教材，也可以作为海洋科普读物使用。

在教学过程中可参照本书编写体例安排讲解侧重点及学生自学内容。

1. 本书分为3篇，每篇包含多个章节，每节一般为一课时，教师可根据需要自由取舍。章前设"内容提要"，节前设"纲举目张"。

2. 正文内容主要有两部分：宋体字为必修内容，楷体字为选修内容，后者是前者的说明、补充或拓展，不做硬性要求。

3. "相关链接"和"拓展阅读"部分内容意在提高兴趣；"你知道吗"部分内容相对专业性较强，旨在扩大视野，不做具体要求；"一家之言"和"各抒己见"意在鼓励独立思考，探索创新。

下列老师协助了本书部分章节的编写：柳碧晗（第三章、第十一章第一节）、严发妹（第九章第三、四、五节）、周海路（第十一章第二、三、四、五节），在此深表感谢。

编 者

2018年5月

Content 目录

第三篇　海咸河淡，鳞潜羽翔

第一篇
金窝银窝，不如土窝

本篇讲述海洋中利用叶绿素进行光合作用以生产有机物的自养型生物，共有1100多种。它们是海洋世界的初级生产者，主要代表门类为藻类、海草和红树植物。

藻类是简单的光合营养的有机体，在生物的起源和进化中占有很重要的地位。海草和红树植物属于被子植物，它们和栖居其中的其他生物组成了海洋沿岸的生物群落。

第一章　心中的花儿永不开

藻类在地球上生存了30多亿年。海洋藻类可分为微型藻、浮游藻、硅藻、绿藻、红藻、蓝藻和褐藻等诸多门、纲。

海藻属于植物界的隐花植物，为基础细胞所构成的单株或一长串的生物体。其基本特征是结构简单，没有维管束组织以及真正根、茎、叶的分化现象。海藻通常生长在水深50米以内的沿岸海滩区域，固着于海底或礁石等固体结构上。

我国已知的红藻约150种，褐藻约250种，绿藻约200种。

人类最常食用的海藻为大型海藻，主要有褐藻类的海带属、红藻类的紫菜属和石花菜属以及绿藻类的浒苔属、石莼属等。

食用海藻

第一节　含碘冠军——海带

【纲举目张】

全世界已知的海带有4科共30属，在我国海域中生长的海带有6属6种。海带目4科中我国都有代表性的属、种，如绳藻属、海带属、裙带菜属、昆布属、巨藻属等，遍布南海、东海、黄海、渤海海域。辽宁、山东、江苏、浙江、福建及广东都有海带生产，其中黄海、渤海沿岸为海带主产区，海带和裙带菜是人工栽培的主要海带品种。

海带是什么

海带是褐藻门、褐藻纲、海带目、海带科的统称，是一种在低温海水中生长的大型海生褐藻植物，呈褐色、长带状、革质，一般长2～7米，宽20～30厘米。野生海带一般生长在低潮线下2～3米深的岩石或者浅海海底的岩石上，因其形状柔韧似带而得名。

海带

海带属海带

海带属海带有30种，我国只有1种。人们通常所说的和市面见到的海带指的就是这一属的海带。

该海带生长在潮下带2～3米深的岩石上，原来主产于辽东和山东半岛沿海。近年来，该品种

你知道吗

褐藻家族

地球上约有1500种褐藻，分250属，是一群较高级的藻类，颜色从暗褐到橄榄绿皆有，是海底森林的重要成员。

【拓展阅读】
海带的食用价值

海带含有丰富的淀粉、碘质、粗蛋白、糖、钙、铁等，具有较高的营养价值，获得了"长寿菜""海上之蔬""含碘冠军""碱性食物之冠"的美誉。

中医药典称海带为"昆布"，认为海带味咸、性寒，入肝、胃、肾、肺经，有软坚、散结、消炎、平喘、通行利水、祛脂降压等功效，适用于甲状腺肿、噎膈、疝气、睾丸肿痛、带下、水肿、脚气等症，并对防治矽肺病有较好的作用。

现代科学研究表明，海带含碘量为$3×10^{-3}～10×10^{-3}$，居各种动植物之冠。碘是甲状腺合成的主要物质，人体缺碘，就会患甲状腺机能减退症，即俗称的"粗脖子病"。所以，海带是甲状腺机能低下者的最佳食品。

海带最常见的吃法有两种：一是炖汤。海带和猪骨头一起熬汤，营养物质可被充分溶解吸收。其次是凉拌，是别有风味的一道小菜。

吃海带最好泡足6小时，以免砷中毒。

海带的人工养殖发展迅速。我国人工养殖海带年产量居世界第一，并已成为世界上最大的海带出口国。海带除了食用用途外，还被大量作为工业原料，用于提取褐藻酸钠、甘露醇和碘等物质。

在福建省，海带的主要产区有平潭、崇武等沿海地区。

浸泡中的海带

晾晒中的海带

裙带菜

已知的裙带菜属海带有3种，我国只有1种。

裙带菜藻体呈掌状，外形和破的芭蕉叶扇有点像，高1~2米，宽50~100厘米，有分枝。

该品种海带属于褐藻门翅藻科裙带菜属，主要生长在风浪较大、潮下带1~4米深的岩石上，低潮带石沼中也有生长，可供食用，是很多酒店做小菜的原料。

浙江嵊泗、黄海和渤海沿岸海区是裙带菜的原产地，而青岛和大连地区分布的裙带菜，实际上是从朝鲜和日本引进的物种。在日本和韩国，裙带菜是儿童和学生营养配餐的必备菜肴。在许多家庭的餐桌上，裙带菜也占有十分重要的位置，有"聪明菜""美容菜""健康菜""绿色海参"的美誉。

裙带菜标本

裙带菜名称

裙带菜和海带的其他属、种很容易区别，就是藻体和树叶一样，藻体两侧呈羽状分裂，并有一条非常明显的隆起的中肋。裙带菜以黄色、淡黄色、暗黄色为多，还有绿色、暗绿色等多种颜色。

生长中的裙带菜

裙带菜名称的由来有两种版本：一说这种海藻的叶片作羽状裂，很像古代妇女飘逸的裙带，故名裙带菜；一说在我国宋代有一本叫做《本草》的药典，称这种海带为"莙荙菜"，后来发生音变成为裙带菜。

昆布

昆布可以食用，也可以入药。昆布生长在潮下带4～5米水深流急、水肥适宜的岩石上，主要产于浙江舟山群岛和福建平潭、莆田一带。

昆布在分类学上为褐藻门、褐藻纲、海带目、翅藻科、昆布属，一共有3种，我国只有1种。

昆布

昆布的外观特征是：

①藻体呈叶片单条或羽状、复羽状分枝，边缘有锯齿，约40～100厘米高；

②藻体以黄褐色为主，还有暗黄、淡绿色偏黄等。昆布干燥后主要呈黑褐色。

你见过或吃过海带吗？在哪里见过或吃过？谈谈你的感受。

一家之言　海带的辨认

在我国民间，海带有海带菜、江白菜等别名，福建莆田一带俗称"鹅掌菜"。宋代《本草》里称"莙荙菜"，明朝李时珍《本草纲目》里叫"昆布"，现代中医药仍沿用"昆布"的名称。

辨认海带最直接的依据是：绳海带（绳藻）是索状的，与其他属、种有明显区别；海带属海带是单条的；裙带菜是掌状的，边缘呈羽状分裂；昆布一般有分叉，像仙人掌一样重叠，且边缘有齿状。

指认某一个俗称一定对应海带的某一个属（种）是非常困难的。有时，同一品种可能有几个不同的名称；而一个俗称，也可以包含多个不同的品种。如福建莆田一带俗称的鹅掌菜，有时是指昆布，有时则是指裙带菜；药典里的"昆布"，包括海带、昆布和裙带菜，取之入药都不影响药方的功效。

【拓展阅读】
绳藻和巨藻

在海洋褐藻门中，绳藻和巨藻也是很有代表性的生物种类。

绳藻俗称"海绳"，是绳藻属海带的1个品种，主要分布于黄海和渤海沿岸，生长在风浪较小的低潮带石缝和潮下带2～3米的岩石上，为可食用品种。

藻体细长如绳索，长1～3米，直径在3毫米左右。两头细小，中间部分较粗，外表有细毛。

大型褐藻

藻体以淡黄色、暗黄色为主。

巨藻又称大型褐藻，是巨藻科的一属，原产于美洲太平洋沿岸，我国山东省栽培的大型褐藻是1978年从墨西哥引进的。大型褐藻主要不是用于食用，而是作为生产褐藻胶和制取甲烷的原料，用于生产多种化工、医药产品，或者作为动物饲料。

大型褐藻是海带中个头最大的一个类群，大多数巨藻可以长到几十米，最长的甚至可以达到200～300米，重达200千克。在巨藻生长茂盛的地方，巨大的叶片层层叠叠地可以铺满几百平方千米的海面。

巨藻是世界上生长最快的植物之一，在适宜的条件下，一天内就可以生长30～60厘米，一年长到50多米。

本节小结

海带是一种生长在低温海水区域的大型海生褐藻植物。代表种类有海带属海带、裙带菜、昆布等。海带含有丰富的淀粉、碘质，具有较高的营养价值，是重要的海洋食用藻类之一。

练习与思考

1. 海带在生物分类学上属于（　　）。

　　A. 红藻　　　　　　　B. 绿藻　　　　　　　C. 褐藻　　　　　　　D. 硅藻

2. 有人说海带是藻类，有人说是中药，有人说是家常菜。对这些观点你有何评价？

第二节　海洋蔬菜——紫菜

【纲举目张】

紫菜是红藻门、原红藻纲、红毛菜目、红毛菜科、紫菜属的统称。全世界已知的紫菜大约有70种，我国生产的紫菜有12种，从南到北所有沿海均有分布。

紫菜综述

紫菜是红藻门紫菜属的统称，属于海洋互生藻类，生长于温带和亚热带浅海潮间带的岩石上，因其藻体呈紫色而得名。我国常见的紫菜品种有坛紫菜、甘紫菜、条斑紫菜以及绉紫菜、长紫菜、圆紫菜等。

紫菜外形简单，由盘状固着器、柄和叶片3部分组成。多数叶片是由1层细胞构成的单一或具分叉的膜状体，体形为卵形、披针形或圆形，从数厘米至数米不等。叶片因叶绿素、胡萝卜素、叶黄素、藻红蛋白、藻蓝蛋白等色素含量比例的差异，导致出现多种颜色。紫菜体形的大小与色泽，因种类、生态条件、生活环境和季节的不同而异。一般地说，生长在适当海水深度的紫菜，多呈黑紫色、紫红色；生长在较浅水域的紫菜，由于接触的阳光较多，光合作用较强，从而呈现出蓝绿、棕绿甚至是青绿色。

红藻门藻类

　　红藻门藻类，有558属3700多种，其中95%以上为海产，多数为温带和亚热带植物。藻体呈紫红、玫瑰红、暗红等色。红藻除食用外，还是医学、纺织、食品等的原料，具有重要的经济价值。

你知道吗

认识海洋生物

紫菜被称为"海洋蔬菜""神仙菜""长寿菜"，含有高达29%～35%的蛋白质以及碘、多种维生素和无机盐类。营养丰富，烹调简单，味道鲜美。

中医认为，紫菜性味甘咸寒，有化痰软坚、清热利水、补肾养心的功效。

- 紫菜富含胆碱、钙和铁，能增强记忆力、治疗贫血、促进骨骼的生长和牙齿的保健；
- 紫菜含有一定量的甘露醇，可作为治疗水肿的辅助食品；

- 紫菜所含的多糖具有增强细胞和体液的免疫功能，促进淋巴细胞转化，提高机体免疫力，降低进血清胆固醇的总含量的功能；

紫菜养殖场

- 紫菜的某些成分有软坚作用，可作为治疗脑肿瘤、乳腺癌、甲状腺癌、恶性淋巴瘤等肿瘤疾病的辅助食物。

收割的紫菜

【拓展阅读】
紫菜的采割与吃法

　　紫菜可以像韭菜一样分期采割。从秋后开始到翌年3—4月，当叶长在15～20厘米时即可采收一次。

　　第一次割的叫"头水"，第二次割的叫"二水"，以此类推。"头水"紫菜特别细嫩，营养最为丰富，但因产量低，数量少，一般很难买到。市面上较好的一般是3～4"水"的，叶片长且厚，光泽度好。7～8"水"（或称"尾水"）的紫菜就很差了，叶片细薄、颜色暗淡，口感也差。

　　紫菜的吃法比较简单。家常菜最多的是做汤，如紫菜蛋汤、紫菜肉丝汤等。酒店餐厅大多将其作为配料或佐料，如面包、春卷（俗称"薄饼"）的夹馅等。

紫菜春卷

鱼柳紫菜

坛紫菜

坛紫菜俗名紫菜、乌菜，是我国南方地区最常见也是食用最多的紫菜品种，也是我国紫菜人工养殖的两个主要种类之一，占全国紫菜产量的80%以上，产量位居世界首位。

坛紫菜

福建平潭和浙江温岭是我国坛紫菜的原产地和养殖的发祥地，厦门翔安的大嶝岛是我国坛紫菜的主要产地之一。因此，坛紫菜及其相关问题，成为我国许多海洋生物学者研究的首选。坛紫菜的人工养殖，一般是在浅海间，用毛竹枝架成生长基架，随潮涨潮落自然生长。

坛紫菜的形态特征是：

①坛紫菜由叶、叶柄和固着器3部分组成。

②叶状体呈长叶片状，基部宽大，梢部变窄并逐渐消失，叶薄如膜状，边缘有一些皱格，长30～50厘米左右，宽在3～5厘米之间。人工养殖紫菜，可以见到1～2米甚至3～4米长的个体。

③由于坛紫菜具有的藻红蛋白含量大于藻蓝蛋白，藻蓝蛋白含量大于别藻蓝蛋白，因此，坛紫菜的活体颜色呈深紫、紫红、暗红等颜色，加工干燥后的紫菜应是深紫色，且有一定的光泽。

坛紫菜味美价廉，资源丰富，含有丰富的蛋白质、碘、磷、钙等物质和12种人体生存必需的氨基酸，是品位极高的营养保健食品。

条斑紫菜

在我国，条斑紫菜主要分布在黄海和渤海沿岸，以野生为主。近年来我国在条斑紫菜中选育了许多新的品种，采摘技术也从人工手采逐步向机械化采收过渡，成为继日本和韩国之后的条斑紫菜养殖大国。

条斑紫菜藻体

20世纪70年代以后，江苏、山东、浙江部分沿海地区人工养殖业兴起，养殖技术水平与产量不断获得突破与提高。

条斑紫菜的形体特征是：

①条斑紫菜藻体呈卵形或长卵形，自然环境下生长的条斑紫菜藻体长度在10～20厘米之间，间或有60～70厘米者，人工养殖的个体一般都在30厘米以上，个别长达1米甚至更长。

②条斑紫菜以黑紫色、紫红色或紫红略带绿色为多，藻体两面有光泽。

条斑紫菜的吃法主要有两种：一种是作为包饭寿司的调味和包皮使用；另一种叫做"即食海苔"的零食，其原料实际上是条斑紫菜。条斑紫菜价格一般比坛紫菜要高一些。

甘紫菜

甘紫菜有索菜、子菜、子英等俗称，因中药认为该种紫菜"甘、味甘、甘咸"而得名，我国主要养殖范围在江苏以北海域。多生长在低潮线附近的岩礁上，繁殖盛期在11月至次年5月。

甘紫菜的形体特征是：

①藻体形体有卵形、竹叶形或不规则圆形多种。

②藻体长一般为20～30厘米，也有更长些的。宽10～30厘米不等，边缘稍有皱褶，边缘平整或波型，藻体较薄。

③颜色有紫红、紫或紫蓝多种。初长时为浅粉红色，以后逐渐变为深紫色，最后转为浅紫黄色。

观察与思考

收集1～2种紫菜干品，放入水中，待到完全展开后，观察其形状、颜色，并将观察结果画在纸上。

一家之言 紫菜鉴别的简单方法

坛紫菜、条斑紫菜和甘紫菜的识别办法是：将少许紫菜放到清水中，等到藻体吸水展开后进行辨认。

从藻体形态上看，坛紫菜较瘦长，尾部比较尖，藻体边缘呈锯齿状，有皱格；条斑紫菜藻体较宽，尾部呈弧状，藻体边缘排列平整；甘紫菜藻体明显比前两种紫菜宽很多，尾部较圆，藻体也短。

从颜色上看，坛紫菜为深紫和黑紫色，颜色较深；甘紫菜藻体浅红或淡红；条斑紫菜颜色较浅，介于坛紫菜和甘紫菜之间。

特别要指出的是，在日本和韩国，习惯上把紫菜的干货或制成品称为"海苔"。其原料可能是坛紫菜，也可能是条斑紫菜，和我国民间所讲的"苔菜"（浙江）或"浒苔"（闽南）是两回事，不能混为一谈。

【拓展阅读】
石花菜

石花菜是红藻门的一属，闽南俗称石花，福东称为红丝，台湾叫大本、小本，江浙叫海草、凤尾，渤海沿岸叫牛毛菜、鸡毛菜、冻菜等，此外还有琼枝、草珊瑚、海冻菜等别名。

石花菜是多年生藻类，生活在温带海洋里。藻体多分枝，直立状，依靠底部假根状固着器附在浅海海底的岩石上，藻体高在10～30厘米之间，呈暗黄、深黄、紫红色、深红色等多种颜色。市面上看到的石花菜干货为灰白、浅黄或黄白色，是经过搓洗去掉外皮的结果。

石花菜因和海石花、麒麟菜的名称相同或相近而被误认。

中医药典有药物"海石花"，这一名称和我们所说的石花菜名称接近，且都是产于大海，中医药师当然知道它们的区别，可一般人往往混为一谈。海石花又名石花、浮海石、海浮石、黑浜珊瑚，是脊突苔虫或瘤苔虫的干燥骨骼，呈珊瑚样不规则块状，基本成分为碳酸钙以及铝、钾、钠的硅酸盐，并含少量的镁、铁及酸不溶物质。主要用于治疗咳嗽哮喘、血淋石淋等症。

麒麟菜，海南人俗称"石花菜"，但此石花非彼石花也。麒麟菜和我们所说的石花菜都属于海洋红藻类植物，其藻体外观与成分和石花菜有相近的地方。如体紫红色，有不规则的分枝，大小也相近，12～30厘米不等。但麒麟菜藻体肥厚多肉，呈圆柱形，周围具疣状突起，一些品种藻体呈球状，这些都是容易区分的。

麒麟菜在生物分类上和石花菜不同属不同科，属于红藻门、真红藻纲、杉藻目、红羚藻科、麒麟菜属。全世界目前已知麒麟属有34种，我国最常见的品种有长心麒麟菜、琼枝麒麟菜、珍珠麒麟菜等8种，集中产于我国海南省。

石花菜

海石花

麒麟菜

【各抒己见】

一天中午，某学校食堂的紫菜汤，紫菜呈青绿色而不是平时的紫红色。同学们议论纷纷，个别同学愤愤不平，指责食堂掺假卖假。"市场上买来就这样，我也不清楚。"对此，食堂管理员也感到很委屈。眼看事态逐渐扩大……

亲爱的同学，你能用学到的知识，向同学们解释这是什么原因吗？

本节小结

　　紫菜是红藻门紫菜属的统称，生长于温带和亚热带浅海潮间带的岩石上。紫菜含有丰富的蛋白质，是经济价值很高的一种食用藻类。我国常见的紫菜品种有坛紫菜、甘紫菜、条斑紫菜等。紫菜人工养殖在我国近海养殖业中具有重要的意义。

第三节　绿潮始作俑者——浒苔

【纲举目张】

　　浒苔是海洋绿藻门、石莼目、石莼科、浒苔属的统称，有淡水产、半咸水产和海产3种类型，其中海产种类最多，广泛分布在世界各地的海洋中。

　　我国常见的浒苔种类有缘管浒苔、扁浒苔、条浒苔等10余种。

浒苔属综述

　　浒苔是绿藻门浒苔属的统称。生长在潮间带礁石、滩涂和沙滩的石砾上，有时也可附生在海草草体以及红树林根部上。远离海岸的贴水面礁石，也是浒苔合适的繁衍场所。

　　世界上已知的浒苔约有40种，我国有11种。常见种类有缘管浒苔、扁浒苔、条浒苔、肠浒苔等。

近岸礁石是浒苔的繁衍场所之一

你知道吗

绿藻门

　　绿藻门约有6000个品种。绿藻拥有叶绿体，可进行光合作用，藻体呈亮绿色。绿藻的体型多种多样，有单细胞体、群体、丝状体和叶状体。繁殖的方式可无性繁殖，也可以有性繁殖，有些种类的生活史有世代交替现象。

浒苔藻体纤细，呈绿色细丝状，丛生，主枝明显，分枝细，藻体长几十厘米到100多厘米不等。基部有固着器，用以吸附在固定物上。春季和初夏是浒苔生长的旺盛期。

生长中的浒苔

【学习与探究】

生物的"世代交替现象"是怎么回事，请查阅资料加以了解。

浒苔属的多数种类可以食用，是天然理想的营养食品。在日本、韩国以及我国沿海省份，用浒苔制作的调味品和食品，很受消费者的欢迎。

浒苔干货松脆，通常把它切碎磨细后，撒在糕饼点心之中，吃起来别有风味。把苔条拌入面粉中作苔条饼，既增色又具独特的清香味。

有研究表明，浒苔中含有17种氨基酸以及浒苔多糖、粗蛋白质等微量元素，是一种低脂肪、低能量、高膳食纤维、且富含矿物质和维生素的天然理想食品。营养价值非常高，在医学上有弥足珍贵的价值。

明朝李时珍在《本草纲目》中称浒苔"烧末吹鼻止衄血"，意思是浒苔晒干烧灰可以治疗鼻出血，还有"血汤浸捣敷手背肿痛"的记载。

我国劳动人民很早就开始开发和利用浒苔。除了食用外，还利用浒苔做饲料和肥料。

【拓展阅读】
浒苔别名

浒苔，日本人称为"青海苔"，江浙称为"苔条"，闽南话叫"后提"。30年前，在厦门筼筜湖的滩涂上，就生长着非常茂密的浒苔。

现在在厦门海湾公园西侧，东渡大石湖、寨上的滩涂上，依然可以看到"后提"的倩影。

海岸带上生长的浒苔

绿潮危害

浒苔一类的大型绿藻暴发被称为"绿潮"，视作和赤潮一样的海洋灾害。

当海水中含有大量的氮、磷等污染物造成海水的富营养化时，浒苔就会大量繁殖，发疯地生长，形成所谓的"绿潮"，产生和赤潮类似的海洋灾害。

造成我国境内发生"绿潮"的种类主要是条浒苔。

【相关链接】

从2008年6月中旬开始，大量浒苔从黄海中部海域漂移至青岛附近海域，青岛近海海域及沿岸遭遇了突如其来、历史罕见的浒苔自然灾害。青岛是2008年夏季奥运会帆船比赛场地。2011年7月，大面积浒苔在山东省青岛、烟台、威海、日照等沿海城市登陆。一些沙滩上堆积着厚厚的浒苔，海水浴场状如大草原，给沿海养殖和旅游业带来不利影响。

从2011年7月6日以来，青岛、威海、日照沿海海岸各海水浴场沙滩都有不同程度的浒苔出现。山东沿海正组织有关部门进行浒苔打捞清理工作。据现场情况看，今天沿海浒苔规模比前两天有大幅增长，浅海一线随处可见浒苔，而且大部分浒苔已登陆。青岛各大浴场都已有浒苔上岸。青岛浴场人员已组织人员和大型装备24小时进行清理，只要有浒苔上岸就进行清理。从往年的情况来看，浒苔大规模来袭，沿海旅游都会受到影响。如果有大面积浒苔，游客尽量减少下水。浒苔缠身对身体有一定危害。浒苔曾一度对帆船运动员海上训练造成影响，截至7月5日青岛海陆已清理浒苔40多万吨。

（大众网）

这绿油油的一片，不是草原，也不是麦浪，而是令人头疼的"绿潮"

"绿潮"，影响景观、阻塞航道，严重威胁沿海渔业和旅游业发展

近年来，由于全球气候变化和人类向海洋中排放大量含氮和磷的污染物而造成的海水富营养化等原因，造成海洋大型海藻浒苔绿潮频频暴发，大量浒苔漂浮聚集到岸边，阻塞航道，同时浒苔大量堆积后腐烂繁殖时需要消耗大量氧气，并散发出恶臭气味，破坏海洋生态系统，严重威胁沿海渔业、旅游业发展。

浒苔和赤潮一样，大量繁殖的浒苔也能遮蔽阳光，影响海底藻类的生长；死亡的浒苔也会消耗海水中的氧气。

浒苔分泌的化学物质很可能还会对其他海洋生物造成不利影响。

浒苔暴发还会严重影响景观，干扰旅游观光和水上运动的进行，这正是人们想要竭力消除的最大的不利影响。

【各抒己见】
引发绿潮暴发的主要因素有哪些？

绿潮治理

现行对绿潮的治理，主要是采用人工打捞的办法，费时费力，劳民伤财，且治标不治本。

有人认为：绿潮的治理比赤潮的治理容易，只要持续不断地打捞，等到水中的营养元素消耗得差不多，绿潮自然会逐渐消退。

当然，他们也认为，最有效的治理办法是不要让海水富营养化，从根本上断绝赤潮或绿潮发生的人为因素。

2006年以来，环渤海地区的一些省份，备受绿潮侵害之苦。为打捞浒苔，动用了大量的人力物力，连海军登陆艇都用上了。

一家之言 绿潮治理

实际上，治理绿潮危害的最有效办法是生物防治。浒苔危害的根本原因是海洋渔业对对虾的过度捕捞。

渤海、黄海海域是我国对虾的主要产区，浒苔幼体是对虾的主要饵料之一，一只对虾一生需要吞食数量惊人的浒苔幼体。对虾的繁衍对浒苔形成了实质性的抑制作用。

然而，近30年来的疯狂捕捞，导致对虾数量急遽减少，从而埋下了绿潮暴发的祸根。

显然，绿潮治理仅靠一省一市是无济于事的。必须是沿海各省市协调行动：培育投放大量对虾幼苗，并在一定的年限内严格禁止对虾的捕捞作业。

绿潮逼近亚沙会：千余船只集结海阳战浒苔

国家海洋局北海分局4日利用卫星、飞机和船舶开展黄海绿潮监视监测结果显示，浒苔绿潮距离亚沙会会场山东省海阳市43千米。随后，浒苔绿潮一步步逼近海阳，山东公安边防总队海警第二支队赛事安保船艇10日上午在海阳近岸海域发现零星浒苔，距岸6千米至7千米，且分布面积较广。

截至11日上午，烟台市港航局调配的3艘施工船、山东省军区支援的4艘登陆艇已经抵达海阳，并做好了500名官兵动员和运输车辆准备工作；海阳市调遣渔政船1艘、打捞船30艘进行巡查和配合施工。与此同时，投放扭"王"字块所需的3万米缆绳、3万米强筋固定缆绳、600块扭"王"字块、2万米围网、1万个网兜、4万块红砖和400个标志浮漂业已全部筹集到位。

连日来，海阳市紧急组织海上打捞和围网布设，力度逐步加大。6月8日，在浒苔绿潮到达距亚沙会主会场30千米处时，海阳市启动绿潮应急处置Ⅲ级预案，出动部分60马力（1马力=745.70瓦）以上船只对绿潮进行打捞；6月9日，组织100艘渔船对20千米附近海域进行打捞；6月10日，组织260艘渔船对10千米海域零星绿潮进行打捞。三天来，共打捞清理绿潮1700吨。

6月11日，指挥部安排793艘渔船进行全面打捞，另有55艘渔船参与围网布设作业。同时，根据绿潮发展态势，6月10日下午已落实外援船只170艘，其中山东省海洋与渔业厅协调威海荣成市征调的100艘大功率渔船将于两天内到达，征调烟台市牟平区和莱阳市70艘60马力以上渔船将于11日傍晚到达。船只全部到位后，将有超过1000艘船只集结海阳战浒苔。

（新华网）

 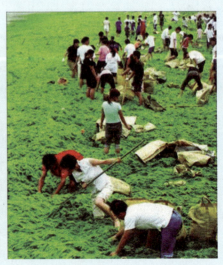

本节小结

　　浒苔是海洋绿藻的一个属，多数种类可以食用，是天然理想的营养食品。浒苔的急剧繁衍可以引发"绿潮"，可能造成巨大的海洋灾害，对绿潮危害应综合治理方能见效。

【拓展阅读】
石莼（chún）

　　石莼是绿藻门、石莼目、石莼科、石莼属，俗称青苔菜、石被、海白菜、海青菜、纸菜、海莴苣、绿菜、纶布等，因固着在海湾内中、低潮带的岩石而得名。我国南北各海域均有分布，代表性种类有石莼、裂片石莼、孔石莼等。

　　石莼成体为近似卵形的叶片体，长10～40厘米，鲜绿色，可供食用。石莼生长速度极快，在适宜的条件下，一天就能长20%～30%，3天就可以长成。因此，在清明前后广东、福建等地沿岸的礁石上，偶尔可以看到石莼铺天盖地的情景。但是，当天气渐热，海水温度超过25℃时，石莼就大面积死亡，并很快腐烂沉入水底，一般不会造成绿潮灾害，对海水水质也不会造成太大影响。

　　石莼和浒苔很容易区别：浒苔是细长如发丝，石莼宽扁如叶片。

孔石莼

练习与思考

1.引发绿潮的海洋生物是（　　）。

　　A.浒苔　　　　　B.紫菜　　　　　C.海带　　　　　D.麒麟菜

2.谈谈你对绿潮治理的看法。

第二章　生态系统环境建设者

在海洋边缘的一个狭窄地带，碧蓝清澈的海底生长着一片片翠绿茂盛的海草，它们被誉为"海底草原"。这些海草有哪些品种呢？它们在海洋生态中又占据着怎样的地位呢？通过本章的学习，或许可以解开你心中的谜团。

第一节　海草与海草床

【纲举目张】

全世界各海域共有4科12属约60种海草，我国海域记录到14种海草，如喜盐草、大叶藻等。

广义上的海草还覆盖了如海带、紫菜、石花菜等巨型海藻，不在本节的讨论范围内。

环境与分布

海草是生长在海洋和完全盐水环境下的一类开花植物，主要分布在热带、温带的近岸海域。多数海草种类在表面上看来类似于陆生的禾本科草类，生活在海边及水深几十米以内的海底。

海草是一类由陆生植物演化并适应了海洋环境的沉水植物，从而保留了陆生植物的基本特征。因为海草需要在太阳光的照射下进行光合作用，以合成有机物质，过深的海水层阻拦、反射和吸收了大部分的阳光，所以不适合大部分海草的生存。

不同种类的海草分布在不同的海水深度。如我国海南岛沿海常见的海菖蒲，只分布在水深1米以内的潮间带；而泰莱草与二药藻是以水媒授粉的，一般分布在水深2米以内海区。

　　一般来说，海草具有适应海生生活的4种机能，包括：有适应盐介质的能力；抗拒波浪与潮汐的支持系统；有在海水覆盖下完成正常生理活动的能力；可以和其他海洋生物竞争的能力。

海草

　　海草叶片细长，多数为绿色，植株时常集中生长构成植株群，连绵成片形成"海底草原"。

　　大面积的连片海草被称为海草床。

　　海草床形态有的呈点状分布，有的为片状分布，更多的呈点片状结合分布。

　　构成海草床的海草，可能由单属种构成，也可能是多属种共存。一般地说，在温带海域，海床由单属种构成为多；而在热带海域中，海床通常有更多的不同的海草种类。

　　海草床是海洋生物的乐园，它和红树林、珊瑚礁一起，构成了海洋三大重要的生态系统。

　　浓密的海草不但制造了足够的氧气，净化了水体，更重要的是阻缓了水流，拦截了有机物，形成了富饶的海底局部底；它们相互缠绕的枝条和草根，构成了四通八达的缝隙空间，为许多鱼类、贝类、虾类、蟹类以及海星、海葵、海绵等等生物提供了丰富的食物和极佳的隐蔽所。

海草床

广泛用途

我国劳动人民很早就开始开发和利用海草。除了作为饲料和肥料外，海草的一些属种被利用进行手工编织有着悠久的历史。50年前，在浙江、福建、台湾、广东等沿海省份，海草和海草编织物是人们日常生活中不可缺少的家庭日常用品。

因为海草主要生长在咸水环境中，因此在我国民间通称"咸草"。在人们的日常生活中无不留下"咸草"的身影。

小件物品捆扎用咸草。商贩卖鱼卖肉绑青菜，抽两根"咸草"一扎，搞定。

用咸草编制成草袋（闽南俗称"加注"）。举凡寻亲访友、外出采购，甚至乞丐讨饭，需要携带零碎东西，"加注"都是廉价的首选用品。

用咸草编制的草席软硬适度，富有弹性，抗拉性好，色泽鲜艳，清香浓郁，具除湿吸汗之功效——谁家也少不了。

传统咸草编制品

【拓展阅读】

山东荣成东楮岛村海草房

荣成东楮岛村现有海草房144户630间，占地面积21600平方米，建筑面积9065平方米。这些海草房具有"冬暖夏凉、居住舒适、百年不腐"等特点，沉淀着浓厚的历史文化、蕴含着丰富的地域特色、承载着淳朴的民俗风情、体现着卓越的古建筑艺术，是国内外不可多得的宝贵资源。

最古老的海草房据传始建年代大约是在清顺治年间，距今有三百多年历史，百年历史以上的海草房有83户442间。

海草房是东楮岛村村民祖辈居住的特色民居。用大块石头砌成粗犷的墙，石头随方就圆，墙面纹样规则中还显灵活，寓朴于美。三角形大山墙，方形院落。房顶外覆一层厚厚的海草。苫海草是盖海草房的关键步骤，海草要一层压一层，一层海草加一层麦秸。屋顶大都用一排瓦或水泥压脊，用于抵御大风。海草房顶苫草有的厚达一米以上，脊部两端高于中央，并向山面做切角处理，房脊形成明显的曲线，屋脊浑厚圆润。海草房坚固耐用，所用材料为海苫草，为野生藻类，生长在5～10米海域，春荣秋枯。海草中含有大量的卤和胶质。海草房不仅冬暖夏凉，而且经久耐用，往往百年不坏不漏。

山东荣成东楮岛村海草房

（百度百科·东楮岛村）

生态系统环境建设者

海草在海洋生态环境中有"生态系统环境建设者"的美誉，具有重要的生态学意义。

海草是海洋动物食物链中的重要环节。

海草是一些海洋动物的食物。全世界有上百个物种是以摄取海草为生的，如海牛、某些鱼、虾、螃蟹等。而这些食草海洋动物又是某些食肉动物的食物来源，所以，海草是海洋动物食物链中不可缺少的重要环节。

海草是海洋生物的栖息地和隐蔽所。

浓密的海草可以使水流减速，从而增进有机物的沉淀和堆积，是鱼、虾、蟹等海洋生物良好的栖息地和隐蔽保护场所，海草场保护了众多的生物群体，成为许多经济鱼类和无脊椎动物的天然渔礁。

【相关链接】
2007年海南省海洋环境公报（节选）

海南岛东部海岸海草资源丰富，生物多样性高，海草具有典型的热带特点，热带种与亚热带种均有分布。

海草床生物比较丰富，优势种明显。游泳生物以鱼类为代表，共调查到鱼类11种，主要种类为黄斑蓝子鱼，鱼类平均密度为0.011个/平方

米，鱼类平均生物量为0.36克/平方米。还调查到一些底栖贝类，其生物量为30克/平方米，分布密度为1个/平方米。此外还调查到一些馒头蟹科和梭子蟹科蟹类。

（海南省人民政府网）

海草可以改善和控制水质。

海草通过光合作用，吸收二氧化碳，释放氧气，是水体溶解氧源源不断的补充者，在改善和控制水体水质中，具有不可替代的作用。

【相关链接】

研究人员发现，海洋沿岸水域生长的海草吸收温室气体能力超强，是陆地森林吸收能力的将近3倍。

研究结果显示，每平方千米海草可吸收8.3万吨碳，而同等面积森林的吸碳能力通常为3万吨。海洋是碳捕捉重要场所。研究人员说，海草生长区域占海洋总面积不到0.2%，而捕捉的碳所占比例超过10%。

（新华网）

海草可以有效抵御风浪对近岸底质的侵蚀。

海草一般有发达的根系以及横向发展的地下茎，可以缓和浪涌，有利于安定海床，抵御风浪对近岸底质的侵蚀。

由于海草仅生长在近岸近礁的狭隘地域，生长区域占海洋总面积不到0.2%，因此数量十分有限，地位十分特殊。近年来由于环境污染和人类不当活动如占滩养殖、围海造地等，海草生长区域特别是海草床呈急剧萎缩的态势。因此，像保护红树林一样保护海草和海草床，已是迫在眉睫。

全国海洋生态调查和监测结果表明，中国近岸海域生态环境恶化，生态系统结构失衡，表现在主要传统经济鱼类资源衰退，海水养殖品种种质严重退化。

令人触目惊心的是，典型生态系统遭到破坏。如滨海湿地，据初步估算，累计丧失面积已占中国总滨海湿地面积的50%。海南岛亚龙湾的整体海草床呈老化和退化趋势。

本节小结

海草是生长在海洋和完全盐水环境下的一类开花植物，大面积的连片海草形成海草床。海草是海洋生态环境中"生态系统环境建设者"，保护海草和海草床具有重要的生态学意义。

练习与思考

1. 海草床有哪些基本特征？

2. 为什么说海草是"生态系统环境建设者"？

第二节　认识这些海草

【纲举目张】

海草主要生活在热带和温带的海岸附近的浅海中，被认为是在演化过程中再次下海的植物。世界上已知的海草有4科12属约60种。

分布在我国海域的海草有9属20多种，重要品种有海菖蒲、泰莱草、二药藻、海神草以及虾形藻属和大叶藻属海草等。台湾、海南岛沿岸是我国海草的主要分布区。

我国海域生长的海草主要有两类：第一类为暖水性海草，分布于两广和海南沿海，品种有海菖蒲、海龟草、喜盐草、海神草、二药藻和针叶藻6属；第二类为温水性海草，主要产于环渤海地区的辽宁、河北、山东等省沿海，属于虾形藻属和大叶藻属。其中的日本大叶藻的产地，延伸至福建省和台湾省沿海，甚至粤东和香港沿海。

海菖蒲

海菖蒲是水鳖科海菖蒲属仅存的品种，属于多年生海水草本单子叶植物，生于中潮线水深1米左右的滩涂上，分布在西太平洋和印度洋沿海。我国主产区为海南和广东部分沿海，在我国海南潟湖的海草床属于优势种群。

海菖蒲根茎匍匐，节密集，外包有许多粗纤维状的叶鞘残体。须根粗壮，叶片窄线形、带状扁平，先端钝圆。

海菖蒲雌雄异株，雄花多数，微小，雌花如火烛，故有"蜡烛草"的俗称，苞梗长可达50厘米。

据日本对冲绳西表岛附近海菖蒲的观察，海菖蒲雌雄花只有在满月之时才开始绽放：满月涨潮时，雄花会脱离植株，利用光合作用制造出的气泡漂上水面，与被涨潮的水推上水面的雌花结合；退潮时，雌花沉回海里，雄花则随着海水漂去……一段多么浪漫的生命之歌！

海菖蒲叶呈扁平带状，最长达150厘米，宽在1～2厘米

海菖蒲

之间。干燥的海菖蒲叶片光滑柔韧,是编织日用杂物的上等材料。我国民间使用的蒲席,就是用海菖蒲叶编织的。

近海网箱养殖对海菖蒲的生长极为有害。

有研究表明,近海网箱养殖等人为干扰,对海菖蒲的生长产生负面影响,严重时直接导致海菖蒲草场的损害和退化。网箱阻滞了海流,导致大量有机碎屑堆积甚至覆盖了海菖蒲叶片,妨碍了植物的呼吸,削弱了光合作用,从而引起叶片糜烂,最终导致植株死亡。

二药藻属

世界上有记录的二药藻属共7种,分布于热带地区的浅海中。从东南亚到印度洋,沿东非延伸至红海都有它们的身影。

二药藻属为浅海生沉水草本,生长在浅海高潮与中潮带间砂质或泥质的海滩,在河流入海口的海湾和红树林下尤为常见,是海生草甸的拓荒者。

我国海域有两个本属品种,即二药藻(台湾称线叶二药藻、细叶二药藻或松针二药藻)和羽叶二药藻,基本上分布在台湾和海南。羽叶二药藻的生存竞争力较弱。

二药藻根茎呈葡匐节状,单轴型分枝,纤细而坚硬。叶片线形,互生,长10~20厘米,宽1毫米左右,粗看常被误以为是海藻。二药藻是构成我国海南海草床的重要种类之一,是小型鱼虾躲避敌害的绝佳隐蔽所。

二药藻

大叶藻科

大叶藻科,台湾称为甘藻科,共有3属约18种。我国有2属5种,包括大叶藻属和虾形藻属。

大叶藻喜生于低潮的岩石间,有根状葡匐茎,细瘦,分枝较疏。叶互生,长条形,长30~50厘米,宽半厘米左右,形似薄而且长的纸条。

大叶藻

大叶藻生长迅速，生命力强，在海草床的形成中功不可没。据近年来海南和台湾方面的调研，大叶藻属在海草床中属于强势物种。

> **一家之言　此海带非彼海带**
>
> 历史上山东、辽宁等地称大叶藻为"海带"或"海带草"，从而造成了大叶藻等同于海带的误解。大叶藻是开花植物，海带属于褐藻，为隐花植物，两者实在是风马牛不相及。

虾形藻

虾形藻属是大叶藻科的一属，为温水性海草，我国主要产地为辽宁、河北、山东等省沿海。虾形藻叶细长，从几十厘米到一米多不等，宽0.2～0.4厘米，绿色，分枝较密。根、茎匍匐，喜生于礁岩石间，花期在三四月份。

虾形藻（干草）耐日晒、抗雨淋，不易腐烂，历史上我国北方沿海渔民常用它作建造房屋顶的材料，既耐用又保暖。上节中提到的山东荣成东楮岛村海草房使用的就是这种海草。

我国常见的海草还有海神草、喜盐草等。

喜盐草

本节小结

我国海域的海草分为暖水性海草和温水性海草两大类，重要品种有海菖蒲、泰莱草、二药藻、海神草、虾形藻和大叶藻等。

练习与思考

我国海草的主要分布区域是（　　）。

A.台湾、海南岛沿岸　　　　B.山东沿海

C.福建沿海　　　　D.广东沿海

25

第三节　外来物种——大米草

【纲举目张】

大米草是禾本科米草属几种植物的总称。米草属又称为草绳属，属于禾本科虎尾草族。

异常顽强的生命

大米草为多年生草本宿根植物，有发达的根系。其中为数不多的长根，可深入1米多的土层，确保植株在潮涌浪打的环境下安然屹立；众多的须根则四面延伸，密布于30～40厘米的土表，以吸收养料和水分。

大米草为丛生植物，一棵就是一丛。株高一般为30～70厘米，最高可达1米多。丛径1～3米，茎秆直立、坚韧，不易倒伏。

大米草具有极强的繁衍能力，其基部腋芽可萌发新蘖和生出地下茎，并横向生长，而后弯曲向上生长，形成新的植株。

大米草5—11月陆续开花，10—12月结实。成熟的种子脱落后，可随潮水漂流扩散至远近各处，遇有合适条件即生根成长，形成新的群落。

大米草

大米草生长适应幅度极大：具有耐盐、耐碱、耐渍、耐淤、耐高温、耐寒以及耐石油、朵酚油的污染等特点；从温带到热带海区都能生长繁殖；在海水和盐土环境下生长良好，在淡水、淡土、软硬泥滩、沙滩地上也能生存；分蘖力和再生能力特别强，一个单株一年可增加几十倍到数百倍，不经意间，几年就可以连成成片草场。

积极作用

大米草根系发达，浓密的茎秆纤长柔韧，在防浪、促淤、护堤、保岸等方面有积极的作用。

大米草生长快、产量高，嫩叶及地下茎有甜味，草粉清香，是马、牛、羊、猪、兔以及部分鱼类喜食饲料，放牧、割草、干草、草粉、粉浆发酵等均可，具有一定的经济价值。

大米草秆作为绿肥，能增加土壤有机质，改善土壤团粒结构，在改良盐碱地、软泥滩等方面，还是有称道的地方。

大米草秆还可以用作燃料、造纸、制绳、编织的原料。

 【各抒己见】

当年我国引入大米草的根据是什么？

物种引入

1963年，大米草从英国引入我国江苏省海涂试种，随后逐渐扩散到浙江、福建等沿海省市。现在，大米草已经遍布我国辽宁、河北、天津、山东、江苏、上海、浙江、福建、广东、广西壮族自治区的沿海滩涂。

大米草原产于丹麦、荷兰和英国等温带地区，是欧洲海岸米草和美洲米草的天然杂交种。我国引进的有大米草、互花米草、狐米草和大绳草4个品种。其中，大米草和互花米草是引种面积较大的种类，引入初期在沿海护堤、改良土壤，以及饲料生产和造纸原料方面，确实产生过相当大的社会效益和经济效益。

泛滥成灾

20世纪90年代中后期开始，随着外资、合资、个体等经济形式的崛起，公有制下政府对社会的掌控能力有所下降，对大米草移植扩散的监控开始削弱；加上大米草在我国没有天敌与抑制物种，从而在原引种地以外地段滋生蔓延，形成优势种群，排挤其他植物，构成对当地生物多样性的威胁。

滋生蔓延的大米草占据了整个滩涂

【相关链接】

通过实地调查和遥感分析，上海市互花米草大面积扩散是从20世纪90年代中后期开始的，目前分布较广，在岛屿、沙洲、沿江边滩上都有分布，总面积达到2512公顷。

（互动百科·大米草）

大米草造成的生态问题已经非常突出，2003年，国家环保总局公布了16种入侵中国的外来物种名单，互花大米草就是其中之一。

大米草入侵后形成密集的单一群落，对沿岸沿滩的生态、生产与生活造成巨大的危害：

与沿海滩涂上的本地植物如红树林等竞争生长空间，对涉滩禽类的栖息和觅食造成严重威胁，导致种群和数量减少；

大米草占据水面与空间，抢夺光照，直接影响到近岸水域的浮游生物量，给底栖的藻类、贝类、蟹类和鱼类造成毁灭性打击；

与滩涂养殖产品争夺营养物质，残体的漂流和腐烂也影响藻类的生长、收获及产品质量，是沿海滩涂养殖的大敌；

改变沉积层分布、水文和地理特点，影响水体循环和交换能力，导致沿海水质下降，易诱发赤潮等次生灾害；

堵塞航道，影响各类船只进出港，给海上渔业、运输业带来负面影响。

（厦门网）

大米草堵塞航道

近年来，许多地方饱受大米草入侵之苦，为"剿灭"恣意生长的大米草煞费苦心。据了解，目前大米草已经传播到我国南北100多个县市的沿海滩涂，海岸生态安全正遭受严重威胁。

（《人民日报·华东新闻》）

【相关链接】

大米草如今已"霸占"福建省约2/3的海滩，极大地破坏了生态环境。因至今未找到有效的抑制方法，大米草的危害性正在不断扩展。

在宁德沿海地区，当地百姓谈草色变，痛恨地把大米草叫做"食人草"。这一地区的海滩近870千米长，有3/4的滩涂被大米草侵占，水产品和其他植物因此无法立足，人们的生活也受到威胁。

为了根除大米草，当地群众想尽了一切办法：火烧、刀砍、药灭，但均未奏效。从1996年起，宁德地区向国内外悬赏20万元寻求除草良方，至今无果。

一家之言 拒绝"狐米草"

现在还有个别"学术权威"正通过各种途径，向地方政府和部门兜售一种大米草的近亲——"狐米草"，希望得到相应资助和推广。我们真的不希望"爷爷当年的'引进'是一种研究成果，到了儿子或孙子时，'治理又成了课题，并获得另一种研究成果'"这样的怪现象再次发生。

外来生物引入是一把双刃剑，如何取其利、去其弊，政府、学者、企业、民间应该形成一定的共识。

练习与思考

1. 被国家环保总局列入外来入侵物种的米草品种是（　　）。

　　A. 大米草　　　　B. 互花米草　　　　C. 狐米草　　　　D. 大绳草

2. 为什么说引入大米草是一把双刃剑？

活动建议

上网查阅大米草入侵的有关材料，并围绕"大米草入侵"问题，撰写一篇小论文。

第三章　名副其实的海上森林

红树林是生长在热带、亚热带海岸潮间带上部的潮滩湿地木本生物群落。因这些植物多富含单宁，树皮韧皮部和木材显红褐色而得名。

由于沿着海岸线生长，为克服海水盐度、泥土层不够厚且不稳定、潮汐、海风等苛刻的条件，红树植物演化出气根、板根、胎生、泌盐等众多特性。在海水退潮时，红树植物露出发达的根系进行呼吸；涨潮时，茂密的树干被海水淹没，只露出翠绿的树冠随波荡漾，成为壮观的海上森林。

红树及其生态系统涉及工业、农业、渔业、医药、旅游、生态环境和护岸造陆、抵御风暴潮、防灾减灾等诸多方面，已成为全球生命维持系统的关键性组成部分，具有陆地和森林不可替代的生态、经济和社会效益。

第一节　居功至伟的红树林

【纲举目张】

全世界红树树种共有24科30属83种。中国红树植物共有37种，分属20科、25属，代表属种有红树属、木榄属、秋茄树属、角果木属等。主要分布于广西、广东、台湾、海南、福建和浙江南部沿岸。无论是种类和分布范围，在太平洋西岸，中国的红树植物都具有代表性。

"海底森林"——红树林

红树林是生长在热带和亚热带海湾河口潮间带中上部，以红树植物为主体的常绿灌木、乔木、藤本及草本组成的潮滩湿地生物群落。

因红树科植物体内含大量单宁，当单宁在空气中氧化，其附着的枝干呈红褐色，故得名红树植物。国际红树林组织根据生育形态将红树林分为真正红树林植物、半红树林植物和红树林伴生植物3种。

你知道吗

"海底森林"
　　全世界红树林树种共有24科30属83种。红树林与珊瑚礁、海草床、海滨沼泽湿地并称为世界四大最富生产力的海洋生态系统，有"扩岸卫士""鸟类天堂""鱼虾粮仓"等美誉。红树林被称为"海底森林"，是海洋生物资源的宝库之一。

【拓展阅读】
红树植物的食物利用

　　在热带海岸居民的生活实践中，形成了一些对红树植物加以食物利用的经验和方法。卤蕨的嫩叶可作为蔬菜食用；海桑成熟的果实既可做水果直接生吃也可用于制作各种软饮料，或作为软饮料的配方组分。水椰果仁可生吃，或糖渍、盐渍后食用。水椰花梗的汁液可用于制作棕色糖或醋，作为渔民饮食中的主要调味品，也用于制作酒精饮料；水椰汁液在菲律宾被用于生产一种著名的"tuba"酒。秋茄、木榄、海莲、红海榄的胚轴经清除单宁后可作救荒食物。白骨壤俗称"榄钱"，在沿海被广泛用作海鲜烹调的配菜，常见的如"车螺榄钱汤"等，味美爽口，具有降火解暑之功效，是夏令时节的一道靓汤。

　　在红树、半红树植物中，被实践证明有药用价值的约20多种，这些民间医药知识或经验主要来自中国和亚太地区。木榄和海莲类的果皮可用来止血和制作调味品，它的根能够榨汁，可生产亚洲女人经常使用的贵重香料的原料。在印度，木榄和海莲类的叶常用于控制血压。斐济的岛民将海漆类的红树林树叶放入牙齿的齿洞中以减轻牙疼。据说红树林的果汁擦在身体上可以减轻风湿病的疼痛。在哥伦比亚的太平洋海岸的人们浸泡大红树的树皮，制成漱口剂来治疗咽喉疼。在印度尼西亚和泰国，用红树林的果实榨的油，可以用于点油灯、驱蚊、治疗昆虫叮咬和痢疾发烧。

红树的树皮

红树科木榄属木榄

近岸的红树植物

滨海湿地的红树植物

红树林家族

真红树植物：只出现在河口潮间带的木本植物，全世界约有60种。

红树科的18种植物是以真红树植物为代表的。我国有木榄属、竹节树属、角果木属、秋茄树属、山红树属和红树属等6属14种，主要分布在西南至东南部的热带地区。

半红树植物：能在潮间带生长也能延伸到陆生生态系统的植物，许多海岸植物均名列其中。

半红树植物属于既可以在潮间带也可以在陆地生长的"两栖植物"，如马鞭草科的许树、梧桐科的银叶树、菊科的阔苞菊、夹竹桃科的海芒果、锦葵科的杨叶、豆科的水黄皮等都是半红树植物。

红树伴生植物：它们通常生长在红树林的边缘地带，是伴随红树生长的草本、蔓藤及灌木。常见的红树伴生植物有马鞍藤、冬青菊、苦林盘等。

红树林的分布虽受气候限制，但海流的作用使它的分布超出了热带海区。在北美大西洋沿岸，红树林到达百慕大群岛，在亚洲则见于日本南部，它们都超过北纬32°的界线，在南半球红树林分布范围比北半球更远离赤道，可见于南纬42°的新西兰北部。

红树林生态系统

红树林是海洋生物多样性的一个重要体现，生机蓬勃的生态环境构筑了至今世界上少数几个物种多样化的生态系。红树林中生物资源非常丰富，小至浮游生物，大至甲壳动物、鱼、蟹、鸟类等，形成了一个以红树林为核心的食物链，是研究生态环境的最佳平台。

红树林为各种动物提供良好的生长发育环境：红树林植物凋落的枝叶，为海洋动物提供丰富的食物资源；发达的根系，为林区内觅食栖息的动物提供了良好的隐蔽所和适宜的繁衍发育环境；同时，红树林区内发达的潮沟，吸引许多深水区的动物来到红树林区内觅食栖息，生产繁殖。

满潮后的红树林成为众多生物的乐园

【相关链接】

　　福建漳江口红树林保护区内有白骨壤林、桐花树林、秋茄林、木榄林、露兜树群落等共13个群系，有维管束植物种类80科185属224种。海区有浮游植物201种，浮游动物180种，游泳动物182种以及45种微生物。

　　广东珠海淇澳红树林保护区内，共有底栖动物5纲14目48科103种；鱼类1纲10目41科90种；陆生脊椎野生动物4纲25目58科156种，其中两栖动物15种、爬行动物27种、哺乳动物15种。

　　广西山口红树林区就有111种大型底栖物、133种昆虫，还有159种变种的藻类。

【拓展阅读】
鸟类的乐园

　　红树林是数量和种类众多的鹤类、鹳类、鹭类等水禽的乐园。由于红树林生长于亚热带和温带，并拥有丰富的鸟类食物资源，所以红树林区是候鸟的越冬场和迁徙中转站，更是各种海鸟的觅食栖息、生产繁殖的场所。

　　福建漳州市云霄县漳江口保护区有鸟类38科154种，其中包括众多的双边国际性协定保护的候鸟：如中日候鸟保护协定保护的鸟类77种、中澳候鸟保护协定保护的鸟类41种等。

　　广东珠海淇澳红树林保护区是中国三大候鸟迁徙路径之一，有近百种鸟类在这里生息繁衍。

　　深圳福田红树林保护区，每年有白琴鹭、黑嘴鸥、小青脚鹬等189种、超过10万只候鸟南迁于此歇脚或过冬。

捕食中的夜鹭

大白鹭

本节小结

红树林是生长在热带和亚热带海湾河口潮间带中上部，以红树植物为主体的各种常绿灌木、乔木、藤本及草本及多种生活其间的动物组成的潮滩湿地生物群落。

练习与思考

1.红树林的树皮呈现出红色是因为其枝干含有较多的（　　）。

    A.单宁   B.品红   C.红藻   D.红磷

2.有人说红树是一种树皮是红色的树；有人说是许多种树皮是红色的树。对这些观点你有何评价？

第二节　奇异的生长特性

【纲举目张】

由于沿着海岸线生长，为克服海水盐度、泥土层不够厚且不稳定、潮汐、海风等苛刻的条件。红树植物演化出众多特性：气根、板根、胎生、泌盐等。

生长特性综述

沿着海岸线生长的植物，必须克服很多苛刻的条件，例如海水盐度、泥土层不够厚且不稳定、潮汐、海风等。生长在这种环境中，红树植物具有一系列特殊的生态和生理特征。

红树植物的相应演化为：有的长出气根，帮助呼吸；有的长出板根，帮助支撑；还有的有胚轴（种子先在里面培育一段时间，能从母体吸收营养)，有的种子也有漂浮组织，方便漂流及插入沙地。

胎生现象

红树植物最奇妙的特征是所谓的"胎生现象"。有些红树林植物，其果实仍在母树上时，胚即自种子长出且伸出果实，最后而形成具胚茎和根的胎生苗。

胎生苗幼苗垂挂在枝条上，可自母株吸取养分。胚茎上有多数皮孔，可进行气体交换。胚轴发育到一定程度后脱离母树，掉落到海滩的淤泥中，可插入泥中，几小时后就能在淤泥中扎根生长，再长成幼树。有些幼苗纵使没有顺利插入泥中，由于胎生苗的细胞间隙大，富含漂浮组织，所以能随波逐流，再定着在适当地点。有的胚轴甚至可随着海流在大海上漂流数个月，在几千里外的海岸扎根生长。

　　不具胚根的种类则有一种潜在的胎萌现象，如白骨壤和桐花树的胚，在果实成熟后发育成幼苗的雏形，一旦脱离母树，能迅速发芽生根。

　　在盐度高、土质松软、缺氧及水中含氯量高的环境下，胎生现象正是最有利的适应方法了。

胎生——秋茄的胚

胎萌——桐花树的胚

支柱根

　　红树植物最引人注目的特征是密集而发达的支柱根。红树植物的支柱根不仅支持着植物本身，也保护了海岸免受风浪的侵蚀，因此红树植物又被称为"海岸卫士"。

　　为了防止海浪冲击，红树植物的主干一般不无限增长，很多支柱根自树干的基部长出，牢牢扎入淤泥中形成稳固的支架，使红树植物可以在海浪的冲击下屹立不倒。

密集发达的支柱根

特化成板状的支柱根

呼吸根

多数红树植物会从根部长出许多指状的气生根露出于海滩地面，称为呼吸根。

由于红树植物的根部经常处于被潮水淹没的状态，因此许多红树植物都具有呼吸根。呼吸根外表有粗大的皮孔，内有海绵状的通气组织，在退潮和被潮水淹没空气缺乏时，可用以通气，满足红树植物对空气的需求。

泌盐现象

泌盐现象是红树植物生理适应性的又一体现。某些种类在叶肉内有泌盐细胞，能把叶内的含盐水液排出叶面，干燥后现出白色的盐晶体。泌盐现象常见于薄叶片的种类，如桐花树、白骨壤及老鼠簕等。

不泌盐的红树植物叶片则往往表皮角质层厚，具储水组织、排水器和栓质层，气孔凹陷或为密毛状体所包围，以减少水分丧失。同一种红树植物生长在海潮深处的叶片常较厚；生长于高

潮水淹没下的呼吸根

呼吸根

潮线外陆地上的叶片常较薄。

　　热带海滩阳光强烈，土壤富含盐分，红树植物多具有盐生和适应生理干旱的形态结构。在生理方面，红树植物的细胞内渗透压很高。这有利于红树植物从海水中吸收水分。细胞内渗透压的大小与环境的变化有密切的关系，同一种红树植物，细胞内渗透压随生长环境不同而异。

布满盐结晶的海茄苳叶片

光亮革质的叶片

本节小结

　　由于沿着海岸线生长，为克服海水盐度、泥土层不够厚且不稳定、潮汐、海风等苛刻的条件。红树植物演化出众多特性：气根、板根、胎生、泌盐等。红树植物浸淹在海水中，退潮时露出发达的根系进行呼吸；涨潮时，茂密的树干被海水淹没，只露出翠绿的树冠随波荡漾，成为壮观的海上森林。

练习与思考

　　你能说出红树植物演化出哪些生理及生态特征来适应沿海环境吗？

第三节　保护红树林

【纲举目张】

　　近40年来，世界各地红树林湿地的面积大幅度地减少了，对生态环境和生物多样性造成了严重的破坏，目前已被列为保护物种，通过建设保护区及其他方式进行保护。

"海岸卫士"——红树林

　　红树林的另一重要生态效益是它的防风消浪、促淤保滩、固岸护堤、净化海水和空气的功能。盘根错节的发达根系能有效地滞留陆地来沙，减少近岸海域的含沙量；茂密高大的枝体宛如一道道绿色长城，有效抵御风浪袭击。

　　1958年8月23日，福建厦门遭受了一次历史上罕见的强台风袭击，12级台风由正面向厦门沿海登陆，随之产生的强大而凶猛的风暴潮，几乎吞没了整个沿海地区，人民生命财产损失惨重。但在离厦门不远的龙海县角尾乡海滩上，因生长着高大茂密的红树林，结果该地区的堤岸安然无恙，农田村舍损失甚微。

1986年广西沿海发生了近百年未遇的特大风暴潮，合浦县398千米长海堤被海浪冲垮294千米，但凡是堤外分布有红树林的地方，海堤就不易冲垮，经济损失就小。许多群众从切身利益中感受到红树林是他们的"保护神"。

防风消浪固岸护堤的红树林

促淤保滩净化海水的红树林

红树林现状

由于围海造地、围海养殖、砍伐等人为因素，近40年来，世界各地红树林湿地的面积大幅度地减少了，对生态环境和生物多样性造成了严重的破坏。

据统计，1980年全世界有4000万公顷的红树林，到1992年仅剩下1200万公顷，消失速度十分惊人。

我国的红树林也遭受严重的围垦砍伐破坏，而且还在继续遭受破坏。特别是最近10多年来，红树林面积由40年前的4.2万公顷减少到1.46万公顷，不及世界红树林面积1700万公顷的千分之一。

红树林的原始生态环境也遭到人类活动的破坏，如穿越保护区中心的凤塘河河岸硬质化及水体污染；保护区内野生红树林与人工养殖场杂乱共存；边防巡逻道贯穿保护区等。这都造成了严重的生态阻隔，使保护区内鸟类珍稀品种逐渐减少，红树林虫害频发，外来物种入侵加剧。

你知道吗

单位换算

1公顷=10000平方米 = 15亩。

人为破坏的红树林

【相关链接】

　　据调查显示，在20世纪50年代，厦门还曾经有大面积的红树林分布（约4800亩）。1979年时，厦门还有1600亩红树林，主要分布于海沧码头、东屿、高崎、杏林、集美和同安等地。50年来，由于围海造田、围滩养殖和码头、道路的建设，如今90％以上的天然红树林已经消失，除人工补种的红树林外，只有在翔安的九溪口附近，还存留着一小片零散的原生红树林，面积不足200亩。由于红树林生长相对缓慢，原本有限的资源在近几十年的毁灭性破坏下，已经很少存在可以做木材的高大而又树干通直的红树植物了。

　　1988年以来，深圳城市建设占用福田红树林鸟类保护区红线范围内土地面积达2200亩，约占原整个保护区面积的一半；毁掉茂密红树林526亩，约占原红树林面积的1/3。同时，深圳湾红树林滩涂由于受到工业废水和生活污水的污染，已经严重影响到底栖生物和鸟类的生存；红树林内的铜等重金属含量，均超出国家海洋水质Ⅴ类标准。

　　由于人为的破坏，20世纪50年代以来我国红树林面积减少了60％。而广西红树林面积也减少了43％。

红树林保护

　　近10多年来，红树林保护得到了我国政府的高度重视，大陆先后建立了15个红树林保护区，并制订了相应的保护性法律法规。

　　目前我国已经建立5个红树林国家级自然保护区，它们是广东深圳福田红树林自然保护区、海南海口市东寨港红树林自然保护区、广西合浦县山口红树林自然保护区、广东湛江红树林自然保护区和福建省漳江口红树林国家级自然保护区。

你知道吗

自然保护区

自然保护区，是指对有代表性的自然生态系统、珍稀濒危野生动植物物种的天然集中分布区、有特殊意义的自然遗迹等保护对象所在的陆地、陆地水体或者海域，依法划出一定面积予以特殊保护和管理的区域。

摘自《中华人民共和国自然保护区条例》

【拓展阅读】
红树林自然保护区

海南海口市东寨港红树林自然保护区。设立于1980年，是我国建立的第一个红树林保护区，也是我国7个被列入国际重要湿地名录的保护区之一，面积4000多公顷。区内生长着全国成片面积最大、种类齐全、保存最完整的红树林，共有红树植物16科32种。

东寨港红树林

广东深圳福田国家级红树林自然保护区。位于深圳湾北东岸深圳河口，1984年正式创建，面积368公顷，是我国唯一位于市区，面积最小的自然保护区，也被国外生态专家称为"袖珍型的保护区"。

该保护区河海相互作用，咸淡水混合，并有潮汐作用，还有丰富的细物质沉积和肥沃的水质，为红树林湿地的发育提供了良好的地貌与物质环境。自然生长植物有海漆、木榄、秋茄等珍稀树种。这

深圳福田红树林自然保护区

里也是国家级的鸟类保护区，是东半球候鸟迁徙的栖息地和中途歇脚点。

福建省漳江口红树林国家级自然保护区。位于福建省漳州市云霄县漳江入海口，面积2360公顷。保护区始设于1992年，2003年升格为国家级自然保护区。这里是以红树林湿地生态系统、濒危动植物物种和东南沿海优质、水产种质资源为主要保护对象的湿地生态系统类型保护区；是我国北回归线北侧种类最多，生长最好的红树植物天然群落，具有物种多样性、稀有性、典型性、过渡性、天然性等特点。

漳江口红树林国家级自然保护区

　　广西合浦县山口红树林自然保护区。1990年经国务院批准建立，2000年加入联合国教科文组织世界生物圈，2002年被列入国际重要湿地。保护区海岸线总长50千米，总面积80平方千米，其中陆域和海域各40平方千米，红树林面积806公顷。区内的红树林是我国大陆海岸红树林典型代表，具有发育较好、连片较大、结构典型、保存较完整的特点，有红树植物15种。

广西合浦县山口红树林自然保护区

　　广东湛江红树林国家级自然保护区始建于1990年，总面积20279公顷，是我国大陆沿海红树林面积最大、种类最多、分布最集中的自然保护区。红树林面积7256公顷，约占全国红树林总面积的33%。主要保护对象为热带红树林湿地生态系统及其生

物多样性，包括红树林资源、邻近滩涂、水面和栖息于林内的野生动物，是我国生物多样性保护的关键性地区和国际湿地生态系统就地保护的重要基地。

广东湛江红树林国家级自然保护区

【各抒己见】

红树林保护面临的问题有哪些？如何解决？

本节小结

红树林及其生态系统涉及工业、农业、渔业、医药、旅游、生态环境和护岸造陆、抵御风暴潮、防灾减灾等诸多方面，已成为全球生命维持系统的关键性组成部分，具有陆地森林不可替代的生态、经济和社会效益。世界各地红树林湿地的面积大幅度地减少，对生态环境和生物多样性造成了严重的破坏，目前红树林已被列为保护物种，通过建设保护区及其他方式进行保护。

练习与思考

列举红树林的主要功能。

2

第二篇
千姿百态，各有所长

本篇讲述肛肠动物、棘皮动物、软体动物和节肢动物中的甲壳类。它们是人们日常生活中最为常见、接触最多的海洋生物，不但是丰富多彩的海洋世界的主角，而且从不同的侧面反映了生物进化中的不同阶段和特点。

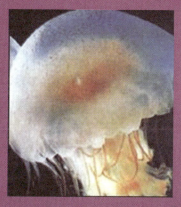

第四章　嘴和肛门同一口

本章探讨的是腔肠动物，因它们身体内有负责消化、循环等功能的腔而得名。地球上大约有11000种的腔肠动物，分为有刺胞和无刺胞两大类。代表种类有水螅、水母、珊瑚、海葵等，它们多数生活在海洋里，个别生长在淡水中。

腔肠动物有两个显著的特征，一是生理结构简单，进食的嘴和排泄的肛门同一个口，很多人形容为"有口无肛门"；二是它们的身上遍布着刺细胞，刺细胞上生长的刺丝囊中藏着溶血性或坏死性的神经毒素和肌肉毒素，使之成为一种特有的捕食、攻击及防卫性武器。

绚丽的腔肠动物

腔肠动物出现在前寒武纪，是有了明确组织的真后生动物，在探讨发育和进化等生命科学研究中具有不可替代的地位。

第一节　分身有术的水螅

【纲举目张】

水螅是水螅纲的统称，又叫水螅水母纲，是腔肠动物中种类较多，形态差异较大的一个大类群。

水螅纲动物约3700多种，分为花水母目、软水母目、多孔螅目、柱星螅目、淡水水母目、盘囊水母目、管水母目、硬水母目、辐射水母目9个目。

水螅虫属于肉食性动物，以触手捕捉线虫、小型甲壳类等为食。

单干和团队

水螅有两种生存形式，单体的种类较少，筒螅是单体水螅的代表种。

筒螅又称海筒螅，属于水螅纲、筒螅科、筒螅属。大量生长于近内海的定置网、钢绳、木桩、竹筒或礁石上。我国自广西至辽宁海区均有发现。

筒螅的螅茎顶端有一螅体，口在螅体上端的中央，周围有小触手，筒螅为水螅型，没有水母型。

筒螅经常固着在浮标、码头、船底、养殖网箱、水下工程设施上，生长迅速，占据空间，影响水流畅通，被认为是污损生物。

绝大多数水螅则形成群体固着在石块、海藻、堤岸、船体、动物的贝壳等物体上，时常连接成片，不明就里的人们，往往将它们误认为海藻或海草丛。如薮枝螅、贝螅、真枝螅、桧叶螅、海榧、羽螅等。

羽螅是羽螅科的统称，分海羽螅、克羽螅、美羽螅等4个亚科，约有500种，分布于从潮间带到7000米深海底的世界各海区。群体分枝或羽毛状或茅草状或灌木丛状或树状，其中有些是底栖生物中的优势种。

贝螅属有许多种，主要分布在浅海海域，因喜欢在寄居蟹的螺壳上定居得名，它们和寄居蟹形成互利共生关系。

筒螅个体放大图

桧叶螅

贝螅

水螅型和水母型

腔肠动物的体型有水螅型和水母型两种基本形态。

水螅型体型为圆筒形，一端称基盘，用以固着在其他物体上；一端的中央是口，周围有触手，可以前后左右晃动以便摄食。水螅型口朝上，适合于固着生活。

水母型体型为伞状，伞柄部分称垂管，垂管下端是口。水母型口朝下，和随波逐浪的漂浮生活相适应。

水螅纲的绝大部分种类在生命进程中都经历过这两种

水螅型

基本形态，就像许多毛毛虫一定会蜕变为蝴蝶一样。

世代交替

水螅纲绝大部分种类的生活史中都发生世代交替现象，即水螅型世代和水母型世代的交替。

薮枝螅生活史为世代交替。想了解水螅的生活史，要先从水螅的构造谈起。下面我们以薮（sǒu，音"擞"）枝螅为个案加以说明：

水母型

薮枝螅又称薮枝虫，目前确定有双齿薮枝螅、双枝薮枝螅和曲膝薮枝螅3种。其中，双齿薮枝螅广泛分布于热带和温带海域，双枝薮枝螅和曲膝薮枝螅则遍布于世界各浅海区。薮枝螅是水螅纲的代表性种类。

（一）水螅型世代

水螅型为树枝状群体。由螅根、螅茎、水螅体、生殖体4部分组成。

螅根是群体的基部，用以固着和横向拓展，其构造和作用很像植物的根系，但不会吸收营养和水分。

薮枝螅（群体）

螅茎是从螅根上伸出的众多直立的茎，为水螅体和生殖体的支撑物，其构造和作用很像植物的枝干。植物茎的表皮有输送水分和养料的功能，而螅茎中空并有消化循环腔。

水螅体位于螅茎末梢，中间是口，四周围绕触手。触手是主动捕捉食物和抵御侵害的工具和武器。水螅属于动物而非植物，由此得到充分的证明。

薮枝螅（个体）

生殖体位于螅茎的适当位置，生殖体成熟后，会像草木发芽一样产生许多水母芽。水母芽成熟后从生殖体顶端的开口出来，形成水母个体，进入水母型世代生涯。

水螅型是营固着生活的无性世代。

你知道吗

世代交替

　　世代交替又称异态交替，指的是生物在生活史中无性与有性两个世代有规律地相互交替的现象。

（二）水母型世代

水螅类生产的水母通称水螅水母，全世界有450种左右，我国海域已发现170多种。水螅水母多为小型水母，伞径多以毫米计算，当然也有大型的。

水螅水母形同撑开的伞，基本构件有伞面、垂管和缘膜。

伞面是浮力器和船桨，伞缘长着众多的触手；垂管有口和生殖腺，缘膜是调节平衡的船舵。一切装备就绪，浪迹天涯启程。

水螅水母多为雌雄异体，当精子和卵子结合后，受精卵便发育成浮浪幼虫，漫无边际地寻找新的栖息地。

一旦机会来临，浮浪幼虫固着后重新生长发育成水螅体，再分枝逐渐形成群体，生命的周期又回到原点。

水母型世代是移动漂泊的有性世代。

【相关链接】
水螅水母举例

1. 僧帽水母

僧帽水母是水螅纲僧帽水母属的统称。因身体前端尖、后端钝圆，顶端耸起呈背峰状，形状颇似僧侣的帽子而得名。主要分布于东海、南海、日本海以及太平洋热带海区。

其英文名称"Portuguese Man-of-War"，意思是"葡萄牙战舰"，所以有人称为葡萄牙军舰水母。

僧帽水母

僧帽水母喜欢过集体生活，它的浮囊上有发光的膜冠，能自行调整方向，借风力像帆船似的在水面漂行，常常成群结队随海流运动，以微小的生物及有机物为食。

僧帽水母是海洋里最致命的杀手，人如果被僧帽水母蜇伤，应及时救治，否则可能造成死亡。

僧帽水母的触手上布满了无数含毒的刺细胞，含有神经毒素的毒液和眼镜蛇的毒液一样厉害，可麻痹小鱼和其他猎物。人一旦被僧帽水母蜇伤，

僧帽水母的触手

除了遭受剧痛之外，还会随着时间的推移，出现血压骤降，呼吸困难，神志逐渐丧失，全身休克，最后因肺循环衰竭而死亡。

鹰嘴海龟（玳瑁）是僧帽水母的天敌，由于具有天生的免疫力，鹰嘴海龟吃起

僧帽水母来可是津津有味。

2. 钩手水母

钩手水母是水螅纲、淡水水母目、花笠水母科、钩手水母属的一种。

钩手水母为小型海水水母，喜栖在暖流与寒流交汇的暖水中，常密集成群。我国山东胶州湾浅海海域的滨海岩岸，在浪击礁石的涡流处及海藻丛生的海水中，容易见到钩手水母的踪迹。

钩手水母为有毒水母，身上有70多条中空的触手，上有毒性强烈的刺细胞。人被蜇后，感觉皮肤灼痛，很快起疱，局部水肿，10～30分钟后感到乏力，开始麻木，四肢关节疼痛，呼吸困难并可能暂时停止呼吸，可致肝功能失常，急性症状持续4～5天。

钩手水母

本节小结

水螅是腔肠动物的一个纲，绝大多数营群体生活，在生活史中都发生水螅型和水母型的世代交替。有些水母的刺细胞含有剧毒，可能对人体造成伤害。

练习与思考

下列表述，错误的一项是（　　）。

A. 薮枝虫多数是单体水螅

B. 薮枝虫的水螅型世代是营固着生活的无性世代

C. 薮枝虫的水母型世代是移动漂泊的有性世代

D. 薮枝虫生活史中会发生世代交替现象

看图作文

下面是薮枝螅生活示意图，请你用文字将它表述出来。

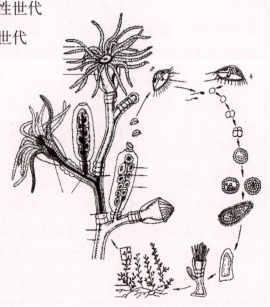

水螅和水蛭不是同一种生物

　　水蛭，俗名蚂蟥，属冷血环节动物。生长在稻田、沟渠、浅水污秽坑塘等内陆淡水水域内，以有机质丰富的池塘或无污染的小河中最多。嗜吸人畜的血液，行动非常敏捷，会波浪式游动，也能作尺蠖式移行。

水蛭（俗名蚂蟥）

第二节　玲珑剔透的水母

【纲举目张】

　　本节所述的水母专指钵水母纲而言，全世界有200多种。

　　习惯上将钵水母纲分5个目：其中十字水母目约30种；立方水母目近20种；冠水母目30来种；旗口水母目50多种；根口水母目约80种。

透明的流浪汉

　　水母是从水螅进化而来的，生活史上仍然有世代交替现象。但水螅型世代日趋退化甚至消失，水母型世代得到强势发展。

　　和水螅水母相较，水母多数为单体的大型水母，外形如撑开的雨伞，口朝下，属于雌雄交配的有性世代。

　　多数水母伞部隆起呈球、半圆、钟或馒头状，伞径小的仅几厘米，大的则可达2米以上。触手细长下垂，从数十厘米到数米不等，上面密布捕食性刺细胞。

【相关链接】
钵水母纲的分类分歧

　　对于钵水母纲的范围，存在着不同的看法。有人将十字水母目从钵水母纲除去，理由是它们营固着生活，和其他4目迥异；还有人将立方水母独立为一个纲，因为它们是水螅纲和钵水母纲间的过渡类型。

49

水母

水母的身体99%都是水，除了通常呈现的透明或半透明外，还有红色、褐色、黄色、黑色、紫色等。

水母为肉食性动物，以浮游生物、小鱼小虾以及无脊椎动物为食。

水母寿命短暂，或数周，或数月，通常不超过一年，远洋深海的水母可活得更长些。

它们移动缓慢，常常随波逐浪，漂泊在世界各地的海洋里，盛夏的热带、亚热带海域是它们流连忘返的天堂。

水母也有朋友，有一种小牧鱼和水母有着共生的关系。

海龟、玳瑁和某些鱼类，时常会攻破水母的"毒刺阵"，将撕碎的水母碎片当做美妙的佳肴。

海洋中漂泊的水母

各领风骚的水母

（一）美味佳肴——海蜇

海蜇隶属根口水母目、根口水母科、海蜇属。蜇体呈伞盖状或馒头状，蜇伞径一般在50厘米左右，最大可达1米。蜇体为坚硬胶质，多为青蓝色。我国南北各海均有，以浙江沿海为多，常见的海蜇有食用海蜇、棒状海蜇和黄斑海蜇。

海蜇广泛分布在热带、亚热带及温带海域沿岸和近海。我国常见的海蜇有伞面平滑口腕处仅有丝状体的食用海蜇或兼有棒状物的棒状海蜇，以及伞面有许多小疣突起的黄斑海蜇。

海蜇可供食用，并可入药。捕获后以明矾和盐压榨，除去水分，洗净后再用盐渍，伞部称为"蜇皮"，口腕称为"蜇头"。

海蜇的刺丝囊内含有毒素，人接触海蜇的触手会被蜇伤，引致红肿热痛、表皮坏死，并有全身发冷、烦躁、胸闷、伤处疼痛难忍等症状，严重时可因呼吸困难、休克而危及生命。

海蜇

海蜇皮

【相关链接】
海蜇制法

海蜇制法为：捕上的海蜇，将头，皮分别倒入桶内，先用矾水漂浸，将红色及腥辣液漂净后，隔时取出，用矾拌盐，每张皮子中间放盐一把，一叠数张放入桶内，以压满为止。1个月后取出，再如法重腌1次，如此3次，俗称三矾。海蜇经过三矾，虽经5～10年，亦可久藏不坏，而且越老越脆，越老食之越有味。腌海蜇头较腌皮子简易，一层用矾，一层用盐，用脚踏实即可。

【相关链接】
海蜇伤人

我国沿海每年7—9月均有相当数量的海蜇蜇伤病例发生，以前主要为捕捞海蜇的渔民，近来亦有在海滨游泳戏水的被蜇伤患者。如秦皇岛海滨近几年蜇伤病人达3400多人。

（二）秀色可餐——海月水母

海月水母隶属旗口水母目，是一种典型的漂流水母，4个马蹄形的生殖腺呈粉红色，外形靓丽，极具观赏性，因整体白色半透明如盘状，好似水中之月，故名海月水母。又因体呈扁圆的伞状，4条口腕在水中漂荡，酷似旗帜，别名旗口水母。

海月水母全世界都有，七八月间大批漂浮于我国。每年的四五月至七八月成群出现在我国北方近海海面及沿岸地带，其中以山东沿海最多。

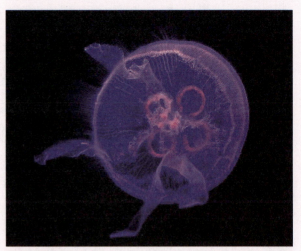

海月水母

（三）毒胜蛇蝎——箱形水母

箱形水母，全称澳大利亚箱形水母，隶属立方水母目，是世界上毒性最强的海洋生物之一，在十大致命动物中排名第3位。人一旦被其触须刺中，3分钟之内就会死亡，且无药可救。

箱形水母

【相关链接】
澳大利亚箱形水母伤人案例

在澳大利亚昆士兰州沿海，25年来因箱形水母中毒而身亡的人数约有60人，据英国《每日邮报》报道，箱形水母被认为是动物界里非常危险的一种生物，它们的触须包含剧毒，可致人丧命。澳大利亚10岁女孩近日遭箱形水母蜇伤却有幸活命，成为世界上第一个被箱形水母蜇伤而幸存的人。

这名女孩名叫雷彻尔·夏德洛，当时她在澳大利亚昆士兰州格拉德斯通附近的卡莱厄皮河游泳时被箱形水母蜇伤了。雷彻尔的13岁的哥哥将她拉到河边。她告诉哥哥，她的眼睛不能看到任何物体，并且无法呼吸，感觉水母的触须仍在腿里。

澳大利亚詹姆斯库克大学的动物和生态学副教授杰米·西摩说："据我们对这种生物的了解，人一旦被它蜇伤，往往难逃一死。当我第一次看到了女孩受伤的照片，以为这孩子活不成了，因为她伤得很严重。我们需要留意雷彻尔的健康状况，以及是否有后遗症，这些都是非常有用的信息。"

（四）水母之王——越前水母

越前水母又叫野村水母，属于根口水母目，是现存世界上体型最大的水母。在完全长成之后，直径可达2米，重量达到200千克以上，越前水母主要分布在黄海、东海和日本海之间的海域。

【相关链接】

日本海水母泛滥成灾

近年来，越前水母在日本海泛滥成灾，给日本海洋渔业生产造成巨大的危害。这些巨型水母食量惊人，往往把一半的渔获吃掉；即使没有被吃掉的渔获，若被水母灼伤的话，渔获亦很难生存。

越前水母

泛滥成灾

（五）灾害性水母——白色霞水母

白色霞水母属于旗口水母目，是一种大型灾害性水母。白色霞水母生长过程中分泌毒素并缠粘网具，暴发性增殖使海洋生态失衡，因此对海洋渔业资源造成巨大负面影响，危害不逊于赤潮。

水母成灾

【相关链接】

水母危害不逊于赤潮

2004年的7—8月，整个辽东湾下网捕捞海蜇的渔民大失所望：一网下去只捞着几个海蜇，网里剩下的是成百上千个白色的水母。

自上世纪末起，东海北部至黄海水域连续发生霞水母暴发现象，且有愈演愈烈之势。其分布范围之广，数量之大，时间之长，在历史上也属罕见。因之而起的网具损毁、传统渔场无法生产等现实，已严重影响了东海、黄海夏秋汛的海洋渔业生产。由于霞水母生长速度极快，因而在短时间内可蔓延大片海区，使海水遭受严重污染，造成大量海洋生物死亡。幸存下来的中上层鱼类为了生存，也纷纷逃离渔场，向安全区域转移，使鱼类的生长、繁殖、索饵失去了良好的环境，造成海洋渔业资源枯竭，海洋捕捞产量严重下降。霞水母的大量繁殖、生长所带来的危害，在某些海域已远远超过了近年来近海赤潮所造成的灾害。

旗口水母是沿岸近海最常见的水母，常见的种有海月水母、霞水母等。

根口水母是较有经济价值的品种，例如海蜇就是重要的渔业资源。

立方水母主要分布在热带的沿岸区，一些种类含有剧毒，到海滨旅游要多加提防。常见的代表种有澳大利亚箱形水母等。

冠水母主要生活在数千米的深海中，以颜色鲜艳多彩著称。

十字水母常分布在较冷的海水中，固着在海藻上生活。代表种有喇叭水母、高杯水母等。

练习与思考

1. 现存世界上体型最大的水母是（　　　）。

　　A. 箱形水母　　　　　B. 海月水母　　　　　C. 越前水母　　　　　D. 海蜇

2. 给你留下印象最深刻的水母是哪一种？为什么？

第三节　绚丽多姿的珊瑚

【纲举目张】

本节介绍的珊瑚覆盖范围包括：八放珊瑚亚纲的全部；六放珊瑚亚纲中的石珊瑚目、角珊瑚目；水螅纲中的多孔水螅目。

我的伙伴遍及天涯海角

珊瑚是为人熟知的海洋生物种类，广泛分布于所有的海洋中。它们在热带浅海区非常活跃，在温带、寒带和深海区也有不俗的表现。用一句流行歌词来表述，就是"我的伙伴遍及天涯海角"。

珊瑚在热带海区生长繁盛，绚丽的色彩把热带海滨点缀得万紫千红，在深达数千米的海沟，依然可以目睹它们婀娜多姿的风采。

珊瑚是一个非常古老的物种，至今已经走过了5亿年以上的进化历程。大约在600万年前，由于巴拿马地峡形成的地理障碍，将热带、亚热带的印度—太平洋海区和大西洋—加勒比海区相互隔绝，使得这两个海区的珊瑚在演化过程中形成了两个截然不同的区系。它们在

数量和种类上都有显著的差别。以石珊瑚为例，印度—太平洋区系有86个属1000多种，而大西洋—加勒比海区系仅有20多个属不足70种。

热带海区的珊瑚礁世界

璀璨珊瑚

【相关链接】
珊瑚虫

　　珊瑚虫是珊瑚虫纲的统称，珊瑚虫纲又称"花虫纲"，简称珊瑚。地球上曾经生活过的珊瑚，其中的2/3已经灭绝，如横板珊瑚亚纲、四放珊瑚亚纲等。现存珊瑚虫纲分为八放珊瑚（又称海鸡冠虫）和六放珊瑚两个亚纲，共有6100多种。珊瑚属国家保护动物。

个体与群体，清官难断

　　珊瑚是从水螅进化出来的两大分支之一（另一分支为水母），生活史中没有世代交替现象，只有构造复杂的水螅型。多数种类营群体生活，也有少量的单干户。

　　珊瑚虫类是肉食性动物，用触手捕获小型甲壳动物、小鱼和其他小动物为食。每一个单体的珊瑚虫只有米粒大小，呈圆筒或圆盘状。它们一群一群地聚居在一起，每一个单体的肠腔与四周的珊瑚虫相互贯通和连接，共用消化循环腔，形成了结构复杂的珊瑚群体，它们从新陈代谢到生长繁衍，都相互关联，影响彼此。

　　单个珊瑚虫的构造并不复杂，主要由基盘、体柱和口盘组成。基盘也叫足盘，作用是附着在硬物上或埋栖在海底，口盘扩大后可看到中央有口，周围环绕着一环或多环的中空触手。基盘和口盘之间为圆形体柱，内有消化循环腔和生殖腺。

　　珊瑚虫为雌雄异体或雌雄同体，可有性生殖和无性生殖。

　　在有性生殖中，受精卵发育为浮浪幼虫，找到新住所后演化为附着的珊瑚虫。无性生殖是通过分裂和出芽两种方式繁殖新的珊瑚虫。

软珊瑚

石珊瑚

【各抒己见】
珊瑚的营群体生活和蚂蚁、蜜蜂的群体生活相同吗，为什么？

似是而非的珊瑚类别

（一）水螅珊瑚

　　水螅珊瑚实际上是水螅纲、多孔螅目的一个属，叫多孔螅属。水螅珊瑚会分泌石灰质的骨骼，是海洋中重要的造礁生物之一。

　　水螅珊瑚可能是所有珊瑚类型的始祖，因此被人们误认为珊瑚也属于正常现象。

水螅珊瑚

多孔螅属一共有13个种，其中8种分布在印度—太平洋区，5种在大西洋—加勒比海区。水螅珊瑚常见于热带浅海，多数呈灰白、淡黄或肉色，群体形状有无固定规则块状、叶片状或树状多种，骨骼相对疏松，表面有小孔。

柳珊瑚

（二）八放珊瑚

即八放珊瑚亚纲，因每个珊瑚虫个体都有8个呈羽状分支的触手而得名。分为6个目，约有3000种。多数分布在热带和亚热带浅海区，少数种类在温带、寒带和深海区。八放珊瑚是珊瑚礁建造和水下花园构筑的重要群种。

八放珊瑚亚纲的6个目是：软珊瑚目（又称海鸡冠目）、柳珊瑚目、葡萄珊瑚目、全腔目（又称石花虫目）、海鳃目、共鞘目（或共鞘珊瑚目）。

软珊瑚有1000种以上，群体呈蘑菇形或树形，因身体柔软得名。

苍珊瑚

柳珊瑚的种类约1200种，群体树枝状。骨骼呈黑色的叫柳珊瑚、黑珊瑚，骨骼呈红色的叫红珊瑚。它们质地坚密、色泽鲜艳的骨骼，自古以来一直是宝石制作或工艺雕刻材料的首选。

值得一提的还有蓝珊瑚，又名苍珊瑚，它是八放珊瑚亚纲中唯一会长出大型骨骼的珊瑚，在造礁中功不可没。人们用于水族观赏的珊瑚，大部分就是这种蓝珊瑚。

（三）六放珊瑚

六放珊瑚是六放珊瑚亚纲的简称，因珊瑚虫的触手、隔膜和隔片的数目都是6或6的倍数而得名。

这里所述的"六放珊瑚"主要是指石珊瑚和角珊瑚；海葵、群体海葵和角海葵放在下节探讨。

石珊瑚是珊瑚纲中最大的一目，估计总数目超过2000种。按生态特点分为浅水石珊瑚和深水石珊瑚两个类群。

【相关链接】
八放珊瑚之歌

八放珊瑚是永不疲倦的设计者和建筑师，它们的作品五花八门、千姿百态，让人爱不释手；八放珊瑚是海底花园的耕耘者和点缀者，它们的成果万紫千红、绚丽多彩，令人眼花缭乱。加上珊瑚群体那柔软优美的身段和珊瑚虫、共生藻那娇媚迷人的神态，构成海底世界梦幻般的生态景观，吸引了无数的定居者和旅游者。

石珊瑚　　　　　　　　　蜂巢珊瑚

　　浅水石珊瑚超过1000种，常见的种类有蘑菇珊瑚、星珊瑚、鹿角珊瑚、脑珊瑚、蜂巢珊瑚、牡丹珊瑚、陀螺珊瑚、叶状珊瑚等。造型优美、色泽鲜艳，为浅水石珊瑚区赢得了海上花园的殊荣。

　　浅水石珊瑚分布在水表层到水深50～60米深的热带浅海区，和一种单细胞双鞭毛藻有共生关系，很多珊瑚礁是浅水石珊瑚的杰作，"造礁石珊瑚"的桂冠非它莫属。

　　深水石珊瑚分布在大陆坡上部、大陆架外缘直至深海、海沟，不具名者种类繁多，估计其种、属数与浅水石珊瑚大体相当。深水石珊瑚一般以单体为主，少数为群体，且个体小，色泽单调，没有造礁能力，故称"非造礁石珊瑚"。

　　黑角珊瑚又称刺珊瑚或角珊瑚，因具黑色或深褐色的骨骼而得名，已知约40属200余种。

　　黑角珊瑚栖息在深海，紧密固着在岩石上，生长速度慢，周期长，是一类数量稀少的珊瑚。群体有树形和鞭型两种形态。树形的角珊瑚因形态像松树，俗称海松；鞭型珊瑚的长度可达5米以上。

珊瑚礁——海洋生物多样性的典范

在地球南北纬30°之间上千万平方千米的海域里，散布着大大小小总面积接近30万平方千米的珊瑚礁，就像那蔚蓝色的礼服，镶嵌着一颗颗珍贵的宝石。

超过九成的珊瑚礁分布在印度—太平洋海区（包括红海、印度洋、东南亚和太平洋），其中，澳属太平洋地区约占40%，东南亚约占30%。大西洋和加勒比海海区约7%～8%。

珊瑚礁群

你知道吗

生物多样性

生物多样性是指一定范围内多种多样活的有机体(动物、植物、微生物)有规律地结合构成稳定的生态综合体。生物多样性是生物及其与环境形成的生态复合体以及与此相关的各种生态过程的总和，由遗传（基因）多样性，物种多样性和生态系统多样性等部分组成。

珊瑚礁位列海洋三大生态系统之首，其错综复杂的结构为海洋生物多样性提供最佳的环境条件。

【相关链接】
梦幻珊瑚礁

珊瑚虫是珊瑚礁的拓荒者。尽管热带海洋营养奇缺，但珊瑚虫任劳任怨，在海水中穷奔苦扒，直接从海水中吸收无机氮和磷，捕获海流带来的少得可怜的浮游动物，终于挽留了与之共生的蓝藻和虫黄藻，完成了虽然初级却效率极高的营养循环，厉行节约和废物利用是珊瑚礁生态的第一准则。

各式各样的海洋藻类闻讯赶来，繁衍生息。海绵、蠕虫、腔肠动物、甲壳动物、软体动物、棘皮动物、尾索动物等较低等的生物成了珊瑚礁的第三批永久居民。

珊瑚礁告别了往日的寂静，开始生意盎然。鹦嘴鱼、琪蝶鱼、雀鲷、蝴蝶鱼相继搬来珊瑚礁中，以它们五彩斑斓的装饰为珊瑚礁锦上添花。

石斑鱼、笛鲷、石鲈、隆头鱼等开始定期不定期地造访这片城堡，它们空腹而来，饱餐而去……连某些哺乳动物如海豚等也时常光临，流连忘返，乐不思蜀。

你知道吗

珊瑚礁

在热带和亚热带浅海，由造礁珊瑚骨架和生物碎屑组成的经过百千万年演变的具抗浪性能的海底隆起称为珊瑚礁。

中国珊瑚礁

我国珊瑚礁面积占世界珊瑚礁面积的15%以上，主要分布在东海、台湾和海南。她是苍天赐予和祖先留下的宝贵财富。如何确实有效地保卫她、保护她，恰如其分地开发她、利用她，正在考验着我们的政府和人民的智慧和勇气。

海洋拓荒者

【相关链接】
中国珊瑚礁资源衰退状况严重

有调查结果表明，中国南海珊瑚礁资源衰退状况严重，珊瑚礁破坏率高达90%以上，其中，占全国珊瑚礁总面积98%的海南，80%～95%的珊瑚礁受到破坏。除自然因素外，对珊瑚礁资源的不当的、过度的开发利用，社会经济发展带来的海洋环境污染等人为因素，是珊瑚礁资源衰退的主要原因。建立南中国海珊瑚礁生态系统保护与管理国际合作机制，正确评估珊瑚礁的生态功能与价值，建立珊瑚礁自然保护区及监测网络系统，是中国珊瑚礁资源保护性开发利用的可行对策。

（《中国海洋大学学报》）

你知道吗

"国际珊瑚礁年"

国际珊瑚礁学会(ICRI)为号召各国和地方政府推动珊瑚礁研究与保护工作，曾将1997年定为"国际珊瑚礁年"（IYOR），并对全球的珊瑚礁进行了一番"总体检"。经过"体检"发现珊瑚礁的状况极不乐观，于是将2008年定为第2个"国际珊瑚礁年"，希望以此引起人们重视和保护珊瑚礁。

【各抒己见】

为什么说我国的珊瑚礁我们不但要保护她，而且要保卫她？

本节小结

珊瑚是从水螅进化出来的结构复杂的水螅型群体，可以分为水螅珊瑚、八放珊瑚、六放珊瑚等类型。浅水石珊瑚是珊瑚礁的造礁高手，而珊瑚礁在海洋生态系统中具有特别的意义。

练习与思考

在珊瑚类型中，最重要的造礁珊瑚品种是（　　）。

A. 水螅珊瑚　　　　B. 八放珊瑚　　　　C. 深水石珊瑚　　　　D. 浅水石珊瑚

第四节　娇艳迷人的海葵

【纲举目张】

本节涉及的海葵，专指六放珊瑚亚纲的海葵、群体海葵、角海葵3目而言，其总数约1300种。我国有记录的海葵品种大约在110种左右，一些新种还在不断发现中。

没有骨骼的俊俏生物

海葵是海洋世界中排得上号的俊俏生物，完全水螅型，没有骨骼，因外形似葵花而得名。

海葵发达的腹肌就像高强度的弹簧，具有很强的向内收缩和向上抗拉扯力量。有些到海滨旅游的人们，试图将海葵从石壁或石缝上揪下来，最终往往是白费心机。

娇艳迷人的海葵

海葵栖息在世界各地的海洋中，从极地到热带、从潮间带到超过万米的海底深处都有分布。

海葵多数以个体存在，在刺细胞生物中属于大个子。主体一般呈圆柱形，或粗或细，或长或短。口盘的直径一般在10厘米以内，据说栖息在北太平洋沿岸和澳大利亚大堡礁的巨型海葵的口盘直径，竟然达到1.5米之巨。

海葵的触手是海葵摄食、自卫的利器和运动的工具。其最大的特点是，不论触手的数目是十几个还是上千个，个数都是6或6的倍数，排成多环，内环先长出的较大较长，外环后生较小较短。所谓的"六放珊瑚"指的就是这一生物特征。

海葵的触手上有刺丝囊，那是它们用来麻痹猎物用的。海葵的食性很杂，食物包括软体动物、甲壳类和其他无脊椎动物甚至鱼类等。这些动物被海葵的刺丝麻痹之后，由触手捕捉后送入口中。在消化腔中由分泌的消化酶进行消化，养料由消化腔中的内胚层细胞吸收，不能消化的食物残渣从口排出。

海葵的触手看得摸不得

海葵所分泌的毒液，对人类伤害不大，如果我们不小心摸到它们的触手，就会受到拍击而有刺痛或瘙痒的感觉。

一家之言　海葵能吃吗

有很多材料中说，海葵有毒不能食用，这是以讹传讹。准确的表述是，大部分海葵既摸不得也吃不得，但也有一些种类是可以食用的。

一般地说，葵体五颜六色鲜艳夺目者大多有毒；颜色单一者如灰色、白色、灰白等种类是可以食用的品种。海葵肉细腻柔韧，营养丰富，口感比海参有过之而无不及。

需要强调的是，在你没有把握的情况下，千万不要去冒这个险。

海葵是世界上寿命最长的海洋动物，寿命比海龟、珊瑚等还长。

主要天敌有浅红副鲼、海星、海牛、鳗、比目鱼等。

近年来的研究显示，海葵有一定的药用价值。

海葵镇痛的作用优于罗通定。可作为癌肿、神经等方面的强效止痛剂。

海葵在镇咳、镇静、凝血、血压、平滑肌等方面都有一定的药用价值。

民间认为海葵和人参、刺五加等药物一样，有"滋阴壮阳"、抗缺氧、抗负压的补益功能。

民间认为海葵有"通乳下奶"作用，浙江沿海有些人称海葵曰"石奶"。

美丽吸引众多闺密

海葵以其柔滑细腻的肌肤、雍容华贵的外表和包容多情的胸怀，赢得了许多海洋生物的信任和青睐，它们和海葵结成了荣辱与共的共生关系。

某些共生藻和海葵合为一体，亲密无间。

海葵的共生藻是一种叫做"虫黄藻"的单细胞植物，生活在海葵表皮下。白天，海葵展开身子，让虫黄藻接触阳光，进行光合作用。光合作用时合成的有机物，一部分供虫黄藻自己享用，一部分作为"租金"，分泌到细胞外供珊瑚虫营养。

共生藻还是海葵的义务化妆师。虽说海葵本身组织中含有的色素，已经让海葵光彩照人了，但共生藻似乎还要锦上添花，用自己的色泽，为海葵添光增彩。人们看到海葵呈现的变幻迷离的绚丽色彩，就有很大一部分是共生藻的功劳。

一些贝类、寄生蟹、小螃蟹也向海葵抛来橄榄枝，讨好海葵，形成双赢局面。

一些贝类、寄生蟹、小螃蟹让海葵固着在自己的壳或甲壳上，利用海葵进行伪装或利用其刺细胞的毒液，驱逐或杀死天敌，保障自身的安全；海葵也趁搭便车之利，扩大了活动空间，增加了获取食物的机会。

一些鱼类如小丑鱼、双锯鱼更是直截了当，把海葵的触手当成避难的天堂。

当这些鱼儿被凶猛的猎手追到海葵的触手范围内时，海葵就会捕捉、麻痹这些猎手，直至杀死、吞食。此时，小鱼们不但安全无虞，还可以分得一杯残羹。当然，天底下没有免费的晚餐，小鱼们也要充当钟点工，为海葵清理内务，打扫卫生。

海葵和一些海洋生物形成互利共生关系

【各抒己见】

一些海洋生物和海葵发生共生关系，仅仅是因为海葵美丽的外表吗？请举例说明其真正原因。

海葵种类一二三

（一）海葵目海葵

本目海葵一般为单体，无骨骼，富肉质。葵体高多在2～10厘米之间，口盘直径1～5厘米不等。海葵目海葵是世界上分布最广的海葵种类。

我国有记录的海葵目海葵有10来个科70多种。

海葵在我国民间有很多俗称，如海菊花、海淀根、石奶、纵条海葵、西瓜海葵、金线海葵、滨玫瑰等。有记录的海葵目包括海葵、爱氏海葵、蠕形海葵、纵条矶海葵、山醒海葵、汀花海葵、瘤花海葵、细指海葵、链索海葵、绿海葵等10来个科。常见品种有自育角隔海葵、华丽爱氏海葵、金菊蠕形海葵、指形链索海葵、亚洲侧花海葵、纵条矶海葵、绿海葵、奇异美丽海葵等70多个种类。

细指海葵

（二）群体海葵目

群体海葵俗称花群海葵，主要栖息于热带低潮线下，个别生活在潮间带，珊瑚礁是它们最主要的栖息地。我国群体海葵目物种有2个科近30种，主要分布在台湾南部、海南和南海诸岛。

纵条矶海葵

花群海葵多数以群体出现，基部发育着像地毯一样横向生长的部分，群体以共肉互相连系。有的群体横卧于珊瑚礁凹陷处；有的依附于珊瑚的残骸上；有的蜷伏在珊瑚礁的缝隙中。相似鞘群海葵（又称寄居蟹鞘群海葵）群体依附于寄居蟹的壳上；平坦鞘群海葵群体固着在棘皮动物海胆的棘上。我国群体海葵目物种主要有鞘群海葵科和群体海葵科共约30种，代表种有中华花群海葵、西沙花群海葵、西沙沙群海葵、中华沙群海葵等。

（三）角海葵

角海葵，又称管海葵，是六放珊瑚亚纲中的大型属种，个体大，触手多，而且会利用自身分泌的黏液，混合沙土，构筑圆柱形的泥管，以供藏身之用。

角海葵广泛分布于热带和亚热带水域，水螅体长筒形，喜欢生活在软泥质海底。澳大利亚海域中的许多个体从数十

花群海葵

厘米到甚至1～2米的巨型海葵，基本上属于角海葵目，腊葵科海葵的触手有数百个之多，俗称千手海葵。角海葵捕捉食物的本领不强，主要依靠水流摄取有机碎片为食。

我国海域角海葵目种类不多，有记录的仅东方角海葵、美洲角海葵、蕨形角海葵数种。

巨型海葵

本节小结

海葵是珊瑚中没有骨骼的一类群体，包括海葵、群体海葵和角海葵。触手个数为6或6的倍数，和许多海洋生物存在共生关系，在海洋生态系统中扮演着十分重要的角色。

【拓展阅读】 认识几种海葵

紫点海葵。体上有48条短胖的触手，因触手顶端有紫色的小肉突而得名，体态奇异，色泽亮丽，极具观赏性。

拳头海葵。因触手构造独特，顶端通常呈气泡状，有如婴儿奶瓶，又俗称奶嘴海葵。

近丽海葵。分布于日本和菲律宾太平洋近海以及东海、南海等海域，喜欢附着在寄居蟹的螺壳或蟹体的甲壳上。

紫点海葵

拳头海葵

练习与思考

下列用于区别海葵和六放珊瑚亚纲其他种群的一组指标是（　　）。

①水螅型　②世代交替　③没有骨骼　④触手个数为6或6的倍数

A.①②　　　　　B.①④　　　　　C.③④　　　　　D.②③

第五章　外皮坚硬且多刺

本章涉及的内容属于海生棘皮动物，因它们的表皮坚硬且多刺而得名。

海生棘皮动物早在距今 5.7亿年的古生代下寒武纪就已经出现，除部分营底栖游泳或假漂浮生活外，多数营底栖固着生活，在世界各海洋中，从潮间带到最深的海沟都有它们的踪影。

已知的海生棘皮动物共有20000多种，其中大多为化石种类，现存的有6000多种，包括海星、海胆、海参、蛇尾、海百合等，我国沿海现约有500种。

蛇尾

海百合

第一节　海星——骨感的美丽

【纲举目张】

海星是棘皮动物门海星纲的统称，因外观大多呈扁平星形而得名。现存的海星大约有2000种，其中，化石类300多种，现存种1600多种。我国海域已知的有100多种，分为平腕海星目、显带目、有棘目、真海星目和钳棘目5个目（也有人分为6个目）。

星光灿烂照龙宫

海星俗称海星或"星鱼"，遍布世界各海域，生活在从海间带到水深6000米海底的广阔世界，其中以从阿拉斯加到加利福尼亚的东北部太平洋水域分布的种类最多。

多数常见的海星种类的腕数为5个，其基本模式为五角星，但有些种类达10～20条腕。

海星的体型大小不一，小到几厘米、大的接近1米，多数在10～20厘米之间。

海星

海星体色也不尽相同，几乎每只都有差别，最多的颜色有橘黄色、红色、紫色、黄色和青色等。

海星是贪婪的食肉动物，其最主要的捕食对象为贝类、海胆、螃蟹、海葵等行动较迟缓的海洋动物。有些海星有猎食某种生物的嗜好，不同种类的海星也会互相猎杀，就像陆地上的蛇类一样。

海盘车科海星专吃贻贝；砂海星科特别喜欢吃其他棘皮动物；刺冠海星主食珊瑚。此外也有以活的或腐烂的植物或尸体、碎屑等为食的。

海星

墨西哥海星

多腕葵花海星

【相关链接】
捕食与逃逸

观赏海星的捕食和猎物的逃逸，就像欣赏慢镜头影片一样。

移动缓慢的海星不具备追逐捕食的能力，只能采取缓慢迂回的战术慢慢移向猎物。一旦贴近猎物，海星就用腕上的管足捉住猎物，然后将整个身体压向猎物，将其紧密包裹。剩下的事就是将胃袋从口中吐出、利用消化酶让猎获物在其体外溶解并被其吸收。

当然，许多被捕食者也不甘心束手就擒。当海星触碰到海参时，安详的海参立刻放弃矜持的风度，在水中猛烈翻滚，远离海星，逃之夭夭；扇贝通过水流的震动，发现了海星的偷袭，于是拔地而起，双壳一张一合，借助水流的反冲力，溜之大吉，迅速游走；小海葵是海星眼馋的美食，当危险来临时，小海葵便松开吸盘，从礁石上脱落，随波逐流走为上计。

天生我才必有用

海星是生物进化过程中的一个重要的环节，是腔肠动物向软体动物和甲壳动物进化的过渡阶段。

海星是海洋食物链中不可缺少的一个环节，在保持海洋生物群平衡方面功不可没。

海星抑制了海葵、软体动物双壳纲等物种的蔓延。如美国西海岸的文棘海星时常捕食依附于礁石上的海虹，从而阻止海虹的过量繁殖以致侵犯其他生物的领地，达到生物群平衡的作用。

槭海星

海星等棘皮动物在海洋碳循环中起着重要作用。

最新研究发现，海星外骨骼的主要成分是碳酸钙，而碳酸钙的合成需要吸收大量的二氧化碳。海星在生长过程中直接从海水中吸收大量的碳，它们死亡之后外骨骼的大部分含碳物质也会留在海底，这对于缓解海水酸性的上升，减少碳从海洋进入大气层具有积极意义。

面包海星

人类还是可以充分开发和利用海星的。

从审美的角度看，海星和它的远房亲戚海葵和近亲兄弟海参大相径庭，没有丰腴的身段和肌肉，只有典型的骨感；这很不合人们的胃口，在许多渔民和养殖户眼中，它们是很不受欢迎的家伙。其实这是很不公平的。

历史上，我国劳动人民常把海星用来做肥料，肥效甚高；近年来，有人利用海星作为制药的原料；我国一些盛产海星的地方，将海星干品当旅游商品出售，也取得不菲的经济效益。

追星族札记

海盘车

海盘车是钳棘目海盘车科的通称，覆盖了钳棘目的多数种属，世界上有1300多种，多分布于寒带和温带海中。

海盘车科分为海盘车、叉棘海盘车、新型海盘车、双钳海盘车、多足海盘车、背海盘车、筛海盘车7个亚科。

海盘车科在我国有10来个属种，主要分布于辽宁、山东等渤海、黄海沿岸省份，代表种类有罗氏海盘车、棘海盘车。

罗氏海盘车和多棘海盘车一般都是5个腕，均呈扁平五角星状。辐径多在12～15厘米之间。罗氏海盘车比较扁平，辐径也小一些；多棘海盘车背面稍隆，辐径也大一些。

海盘车主要以贝类为食，是贝类养殖业的大敌。

海盘车

海星所至，贝类无存

【相关链接】
海星危害

2006年开始，中国北方沿海地区突发大量海星，密度高达300个/平方米，高峰期每天在3～5亩海域内能拣捕到海星500多千克。海星主要集中在崂山、胶州湾、唐岛湾和胶南海域，疯狂地摄食鲍鱼、菲律宾蛤仔、扇贝等养殖经济贝类，一个海星1天能吃掉十几只扇贝，食量惊人，给贝类养殖业造成巨大的经济损失。仅2006年胶南地区因海星灾害导致鲍鱼养殖损失达4000余万元；2007年仅青岛海风水产养殖公司的杂色蛤养殖因海星吞食而损失高达3000余万元。

据初步统计，自2007年3月份开始，在胶州湾养殖的16万亩菲律宾蛤仔已有60%遭到海星侵害，受灾率达70%～80%，部分海区高达90%，一条60马力渔船在胶州湾养殖区一天可捕获海星800～1000千克，养殖渔民损失惨重。

在日本，每年都要耗费上百万资金来控制海星的危害，美国的牡蛎养殖场每年都要花费很大的人力和财力来应对其危害。同时，海星的危害已引起各级政府的高度重视。

（互动百科·海星）

长棘海星

长棘海星属于有棘目长棘海星科，浑身带有成簇的棘，管足有吸盘，栖息于印度洋—西太平洋区热带珊瑚礁环境。个体辐径可达45厘米，腕12～19个，一般为13～15个。体红色或淡红色，以石珊瑚水螅体为食，对珊瑚礁的形成有一定的破坏作用。

法螺是长棘海星的克星。

法螺

【相关链接】

西沙珊瑚礁遭受海星侵袭致珊瑚大量死亡

近日，西沙海域遭受到大批长棘海星的侵袭，造成当地珊瑚大量死亡。

这种形状像葵花的水生物就是"杀害珊瑚的凶手"——长棘海星。它浑身长满了剧毒长刺，一般从珊瑚的礁底吃到礁上边缘，然后再分泌一种化学物质，吸引其他长棘海星前来一块侵袭珊瑚。长棘海星经过之处一片狼藉，原本五彩斑斓、充满活力的珊瑚都成了一堆堆白骨。

长棘海星

据有关人士介绍，2006年来此地调查时，五六平方米的水域里只发现了两三只长棘海星，而现在一平方米的水域就有数十只，西沙甘泉岛水域的长棘海星数量是突然增多的。

海星成灾的一个重要因素，就是长棘海星的天敌大法螺在骤减，大法螺减少又是因为受经济利益驱使，许多渔民大规模地捕捞它。

(央视国际)

本节小结

海星是棘皮动物门海星纲的统称，大多呈扁平星形，遍布世界各海域，海星在保持海洋生物群平衡方面有着重要地位。海盘车是贝类养殖业的大敌，长棘海星对珊瑚礁形成有破坏作用。

练习与思考

以贝类为食的养殖业大敌海盘车归属于海星纲的（　　　）。

A.平腕海星目　　　　B.显带目　　　　C.有棘目　　　　D.钳棘目

活动建议　猜"星"游戏

每位同学到网络中寻找2种海星图片，分别贴在两张硬纸皮上，背面贴上海星品种名称。

每4位同学一组，各自取出自己的制作，互相交流约2分钟。而后图片排列，每位同学轮流说出某个图片是什么名称，说对了可将图片收归名下，得1分，猜错者不得分。直到所有图片均有归属为止。

规则：①获得最多图片者为胜者；②猜中自己制作的图片内容倒扣1分。

第二节　海胆——可远观而不可亵玩焉

【纲举目张】

海胆是棘皮动物门海胆纲的通称，是一种古老的海洋生物，距今已有近亿年的生存历史。海胆分规则海胆和不规则海胆两个亚纲，共22目，225个属，约6000～7000种，其中化石种有5000多种，现生种900种左右。

海胆是古生代和中生代的标志化石。

深藏海底的刺客

海胆生活在世界各海洋中，属于底栖生物。其中以印度洋和西太平洋海域的种类最多。从浅水区到7000米的深水中都有分布。礁石岩缝、水底泥沙是它们的栖息所。

海胆纲原意是"像豪猪般的动物"，故又名"海刺

海胆

你知道吗

"亚里士多德提灯"

海胆咀嚼器是由约30个骨状物和牵动此骨状物的肌肉组成的，因整个外形像一个倒三角的灯笼而得名。

獍"。我国民间则有"刺锅子""海刺獍""海中刺客""海底树球""龙宫刺獍"等俗称。

海胆体呈球形、盘形或心脏形，外层是一个硬壳，外面布满了许多刺（术语叫"棘"），口朝下，口内是复杂的咀嚼器，称为"亚里士多德提灯"；肛门朝上，"我们的屁股向太阳"。隐藏在壳里的海胆体，可谓上了双重保险，一般的海洋动物，对海胆是无可奈何的。

海胆的外壳是由3000块小内骨骼互相愈合，构成的一个坚固精致的"碉堡"，棘是"碉堡"外的活动铁丝网。

海胆的棘是可以活动的，它是武器，可以防御侵扰，保证安全；它是工具，可以挖掘沙泥，保持壳的清洁；它又是肢体，棘的收缩伸张，可让笨重的身体和碉堡缓慢移动。

海胆是把棘细胞进化到极致的典型，棘细胞动物的棘一般隐藏在"囊"也就是袋子里，需要时才暗箭齐发；海胆则不然，将棘摆成一个立体棘阵，然后独坐中军帐，运筹帷幄。

海胆体形大小因种类不同而差别悬殊，大多数海胆壳直径在6～12厘米之间，也有个别种类可以达到30～40厘米。

活体海胆体表多呈灰褐色、黑色、深紫色、绿色或白色等不同颜色，死了的海胆去掉外围的刺，其钙质硬壳依然条文清晰，五颜六色，十分美丽，放在书架案头充当摆设，仍有一种独特的韵味。

南非紫海胆

生存竞争中的海胆

海胆是杂食动物，主要以海藻、水螅、蠕虫等小动物和沉积在海底的有机碎屑为食。

作为底栖生物，食谱不可能有太多的选择，不同种类的海胆有不同的摄食对象。即使同一种海胆，也会因环境的影响，改变食物方向。

海胆的大量繁殖可能对某些海洋养殖业产生不利影响。

海胆为雌雄异体，但在外形上是很难区别的。它们通过体外受精繁殖而不需要交配。

【相关链接】
青岛薛家岛惊现"海胆潮"

下午，正当近海落潮的时候，薛家岛南侧海域的养殖户们发现，海底滩涂竟然出现了海胆"大军"，由于它们会吞噬大量的海生植物，抢了海参、鲍鱼的"口粮"。

薛家岛南侧海域出现奇观，退潮后的海底滩涂上出现大片海胆。记者随后赶到这片海域，站在养殖区的水坝上望去，杏子般大小的海胆几乎铺满了整个滩涂，面积足有三个足球场大。

(半岛都市报)

一家之言 奇特的繁殖

海胆生殖喜欢成群结队，同时排卵和排精。有人对这一现象感到不可思议。其实原因并不复杂，同时排卵和排精至少有3个优势：一是小区域大密度的卵子和精子，增加了受精机会；二是个体众多，增加了杂交机会，对后代进化生存有利；三是增加了存活概率，所有海洋生物的卵子、精子和幼体，都是其他生物的食物来源，局部的饱和数目，为后代的残存预留了更大的机遇。

海胆层层设防的城池也不是固若金汤，在它们的天敌如鲷鱼、海獭面前，海胆只能听天由命，任人宰割。

海胆是鲷鱼口中的美食

当然，海胆最大的敌人还是人类。

海胆黄味道鲜美，富含蛋白质、脂肪、维生素以及各种氨基酸等营养成分，清蒸煎炒、冷盘煲汤皆宜。

【相关链接】
海獭最喜欢的食物是海胆

海胆是海獭最喜欢的食物之一。虽然海獭的牙齿咬不开海胆坚硬的外壳，但海獭自有绝招：先把在海底抓到的海胆挟藏在两个前肢下面松弛的皮囊中，浮到水面后仰躺，取出随身携带的两块方形石块，一块放在胸腹上作砧板，另一块当锤子，使劲撞击，砸到海胆脑壳破裂、五脏外翻为止，接下来的事就是吸食肉质，享受成果。

认识几种海胆

我国沿海约有150多种海胆。常见的有规则海胆亚纲的马粪海胆、大连紫海胆、刻肋海胆等和不规则海胆亚纲的心形海胆、楯海胆等。规则海胆一般个儿较大刺较少，不规则海胆个儿较小刺较多。

马粪海胆，因成体体表面多呈暗绿色或灰绿色，犹如马粪蛋而得名。我国南北沿海都有分布。

光棘球海胆又称大连紫海胆，主要分布在辽东半岛和山东半岛以及浙江、福建、广东和广西沿海。据说紫海胆味极鲜美，是宴席上的一道名菜。

楯海胆通称沙钱或海钱。我国发现十几种，绝大多数见于南海。如扁平蛛网海胆、十角饼干海胆和雷氏饼海胆等种。多呈圆盘状，当地渔民多用来泡酒，据说治疗风湿关节炎十分有效。

马粪海胆

大连紫海胆

饼干海胆

本节小结

海胆是棘皮动物门海胆纲的通称，生活在世界各海域中。海胆体呈球形、盘形或心脏形，坚硬的外壳上布满了刺。马粪海胆、光棘球海胆、心形海胆、楯海胆等是我国海域较为常见的种类。

练习与思考

"亚里士多德提灯"指的是海胆的（　　　）。

A.外壳形状　　　　　B.肛门　　　　　C.生殖腺　　　　　D.咀嚼器

第三节　海参——八珍数第一

【纲举目张】

海参是棘皮动物门海参纲的统称，分为3亚纲6目约1100种。其中可食用的有40多种。我国约有海参140种，其中21种可以食用。

对于人类而言，海参是棘皮动物中最有经济价值的物种。

"参"差不齐的古老物种

海参是一群古老的生物，广布于世界各海洋中，从潮间带到万米海沟，都可以成为海参的生息繁衍之地。

海参是现存最早的生物物种之一，大概在6亿多年前的前寒武纪就开始在地球上繁衍，比原始鱼类更早，有海洋活化石之称。

海参体呈圆筒状，多数体长在10～20厘米之间，大的可达30～40厘米，曾见过我国海南三亚出产的梅花参，个头大的能达到1.2米。

海参浑身肉乎乎的，布满各色花纹，上面长满大大小小的突出的肉刺。这样的体型设计，在光线不是很充足的海底

海参

海参纲的 3亚纲6目

枝手海参亚纲含枝手目、指手目；楯手海参亚纲含楯手目、平足目；无足海参亚纲含无足目、芋参目。

你知道吗

和礁石中倒是不错的伪装。

海参在民间有许多俗称，如"土肉""海鼠""沙噀""海男子""海瓜皮""海黄瓜""刺乌参""乌虫参""黑狗参""荡皮参""红参"等。它们所指的可能是海参的某一种或某一属种。

80%以上的海参分布在热带海区，种类也多，少数分布在某些温带海区，种类也比较单一。

太平洋热带区和印度洋的海参资源包括黑沙参、白沙参、梅花参等种类；温带区则有各种棘参如刺参、花刺参、绿刺参、黑乳参等海参种类。

海参主要以海底藻类和浮游生物为食。它们行动缓慢，又没有摄食的利器，生活在海底的海参只能是碰到什么吃什么。

吞沙咽土是海参生活的主要工作。海参的消化道只有两个弯，它们在缓慢移动中吞下大量的泥沙，从中过滤出可以消化的东西。吃进去的和排出来的几乎一样多，因为泥沙里的营养物质实在太少了。在海参爬行过的地方，可以看见隔三差五就有一堆管状的排泄物——生活确实太艰辛了！

绿刺参

仿刺参

独特的生存技巧

在长期的进化过程中，海参形成了变色、休眠、排脏逃生、分身等生存技巧和独特的自溶消亡形式。

变色。海参能随着居处环境而变化体色。生活在岩礁附近的海参，为棕色或深褐色；居住在海藻、海草中的海参则为绿色；在昏暗的深海，海参则呈现黑色或暗灰色。

休眠。海参是个怕热的家伙，当水温达到20℃时，海参就会转移到深海的岩礁暗处，潜藏于石底，背面朝下不吃不动，整个身子萎缩变硬犹如石头一般——很多动物碰到它只是不耐烦地挪到一旁而不会吃掉它。直到夏季过去秋天来临，才苏醒过来，恢复活动。

排脏逃生。螃蟹和很多鱼类都是海参的天敌，当海参和天敌不期而遇时，海参会迅速地收缩身体，把自己体内的五脏六腑喷射出来，让对方吃掉，同时借助排脏的反冲力，逃之夭夭。这种排脏功能也是万不得已的丢卒保车——没关系，"50天后又是一条好汉"，一副新内脏又会重新出现。

分身大法。分身法术是海参从祖先那里继承而来的，一般在以下两种情况下施展。一是在排脏逃生不能奏效或无脏可排被敌手逮个正着时，只要整个海参没有被完全吃掉，剩余的残块经过3~8个月的演化，又会生成一个完整的海参。二是在食物丰富、条件优越有利于海参生活时，海参会将自身切为2段，随后每段又会长成一个新的个体。当然，满足分身大法还是要有条件的，那就是剩余的残块一定要含有口或肛门的全部、大部或一部分，因为再生细胞只有这两个地方才有。否则，分身大法就不灵了。

虎纹海参

　　自溶。海参离开水后在短时间内会自己融化成水状，消失得无影无踪；海参的寿命一般是8年，8年大限到来后，海参就自溶成水，生于大海又回归海洋。干海参在接触到油性物质时也会发生自溶现象。

黄疣海参

四大"海味"榜上有名

　　海参纲95%以上的种类是不可以食用的，食用品种只有极小的部分。这小部分也是国人最先认识的，因它的营养和医用价值可以和人参媲美，故名海参，即海中的人参。

　　在我国，海参属"四大海味"，是传统意义上的滋补上品。海参肉嫩滑软，口感很好，高蛋白、低脂肪、低胆固醇，富含多种维生素，有补肾壮阳、补血益精之功效。古代医书说："海参，味甘咸，补肾，益精髓，摄小便，壮阳疗痿，其性温补，足敌人参，故名海参"。

　　现代医学也认为，海参具有补肾壮阳、益气补阴、通肠润燥、提高记忆力、防止动脉硬化、延缓性腺衰退等作用。

棕环海参

网目海参

你知道吗

"四大海味"
　　一般认为的四大"海味"指的是：鲍、参、翅、肚，即鲍鱼、海参、鱼翅（鲨鱼的鳍）、鱼肚（实际上是鱼鳔）。不同说法排序有不同。

可食用海参主要集中在楯手海参亚纲、楯手目和无足海参亚纲、芋参目的一些属种上。如楯手目、辐肛参属有10种可以食用；楯手目、海参属和梅花参属中的大型或体壁厚的种类以及芋参目的个别品种。瓜参科也有几个品种，但食用价值不高。

在我国民间，习惯上根据海参背面是否有圆锥肉刺状的疣足将食用海参分为"刺参"和"光参"两大类。其中"刺参"主要是指刺参科的属种，如梅花参、仿刺参、绿刺参和花刺参等，"光参类"包括海参科、瓜参科和芋参科的属种。

"参"照说明

梅花参——"海参之王"

梅花参又称为"凤梨参"，是梅花参属的泛称，因背面有肥大的肉刺花，有点像梅花瓣状而得名。

梅花参号称"海南特产，三亚'三绝'之一"，模式种在南海。本属已知有2种，一种是模式种梅花参，另一种是巨梅花参。梅花参是食用海参中珍贵的品种。

巨梅花参是所有食用海参中个体最大也是最为珍贵的一种，体长多在60～70厘米，长的可达1.2米，重12～13千克。生长于热带海洋的珊瑚堡礁和珊瑚潟湖带水深几米至几十米的沙质海底，以小生物为食，对环境特别是水质有较高的要求。

酱汁梅花参

你知道吗

模式种

被首次发现，且被描述并发表的物种定为模式种。它是用来代表一个属或属以下分类群的物种，严格来说，模式种只用于动物分类学上。

辐肛参——肉质肥厚的上等参

辐肛参属为可食用海参的泛称，参肉质肥厚，是商品价值很高的上等参种。代表种有西印度产的阿氏辐肛参和我国海南的乌绉辐肛参、辐肛参、棘辐肛参和白底辐肛参。

辐肛参亦称石参、黄瓜参。成年个体长30厘米左右，宽7～8厘米，呈前较细瘦后较粗壮形状。多生活在珊瑚礁底下或

辐肛参

躲在珊瑚礁缝隙内，有的生活在波浪剧烈冲刷的死珊瑚上。

白底辐肛参在水深1～2米的碎浪或强浪区域活动，管足的吸附力很强。参加工后背面黑暗，腹面灰白色，当地渔民俗称"白底靴参"。

占据食用品种的半壁江山——海参

海参是海参属的泛称，是海参纲最大的一属，已知有120多种。

加州红海参

海参常见于热带、亚热带海洋，在印度—西太平洋区的珊瑚礁内栖息的种类特别多。有的裸露，有的隐藏，有的钻在沙内，有的种仅见于珊瑚礁内。其大型或体壁厚的种类，均属可食用海参，如糙海参（又叫秃参、明秃参）、丑海参、沙海参都是该属内的种。

丑海参

海参属分为17个亚属，我国有12个亚属30多种。体呈圆筒状，长10～20厘米，特大的可达30厘米。

本节小结

棘皮动物门海参纲约有1100种，因可食用品种的营养价值可以和人参媲美而得名。具有变色、休眠、分身、自溶、排脏逃生等独特的生存技巧，海参属、梅花参属、辐肛参属是最重要的可食用海参。

练习与思考

我国人民命名海参的主要根据是（　　　）。

　A. 它的种类　　　　B. 它的形状　　　　C. 它的颜色　　　　D. 它的价值

活动建议　小实验：油点海参干

实验器材：

小碟子；滴管或小棉签；食用油；海参干小块（1×2厘米）

实验过程：

每3～4位同学一组，用滴管或小棉签吸取少量食用油，滴或抹在海参干小块上，观察究竟发生了什么。

第六章　人丁兴旺的海洋贝类

海洋软体动物是海洋底部的一个巨大家族，由于它们大多数都带有各式各样的贝壳，因此又统称为海洋贝类。

已知的海洋贝类分为14亚纲31目4亚目11万种，是动物界中仅次于节肢动物门的第二大门。其中腹足纲、双壳纲、头足纲存量最为丰富，与人类生活最为密切。

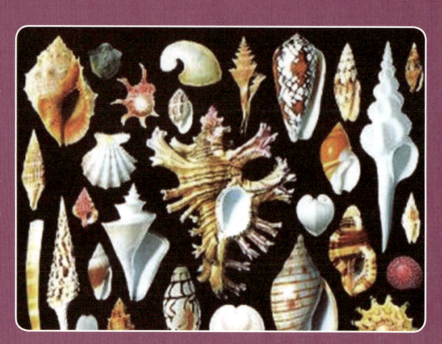

第一节　贝类家族七兄弟

【纲举目张】

海洋贝类习惯上分为无板纲、单板纲、多板纲、腹足纲、双壳纲、掘足纲、头足纲七大类。

背负"住所"闯天涯

海洋贝类是自然界生物中仅次于昆虫类的第二大族类，全世界约有13万种贝类，其中大概有11万种左右生活在海洋中，占贝类总量的80%以上。剔除已知的2万～3万多化石种，现存的海洋贝类为8万～9万种。另外，大洋深处还有许多人类未知的软体动物。

一项由数十个国家的2000多名科学家参与、历时10年完成的海洋生物普查报告，2010年10月4日在伦敦公布。普查估测，世界各大洋内总共生活着大约1000万种不同的物种。

翁戎螺

其中，甲壳类动物如蟹、龙虾和对虾的数量最多，约占1/5。软体动物，包括鱿鱼、章鱼、贝类、蜗牛和蛞蝓位居其次。

海洋贝类分布很广，从寒带、温带到热带，由潮间带的最高处至1万米深的大洋底，都生活有不同的种类。

贝类主要栖息在近海滩涂以及岩石或珊瑚礁间，以浮游生物、藻类和有机碎屑为食，如果碰上小鱼小虾之类，偶尔也会开开洋荤。它们能从体内分泌出石灰质，作为建筑材料来建造"房子"（贝壳），用作自己的栖身之地。贝类的寿命有的只有一年，有的种类寿命较长可以活十几年、几十年甚至上百年。

海洋贝类由头、足、内脏囊、外套膜和壳5部分组成。它们形状各异，大小相殊：有的型似斗笠或帽子，有的状如陀螺、圆锥或宝塔，还有的犹如一圆盘或球体。最小的螺体仅为1毫米的百分之几，最大的壳达1.8米，重约250千克。贝壳颜色更是斑斓绚丽，百姿千态。

我国管辖的海域，位居地球上生物多样性区域的前5名，记录到的海洋贝类2557种，约占中国海域全部海洋生物种的1/8以上。

珍珠贝

海兔

船蛸

火焰贝

【相关链接】
《中国海洋贝类图鉴》

张素萍编著《中国海洋贝类图鉴》（海洋出版社，2008年6月版）共收录我国沿海常见的和部分珍稀贝类698种，隶属于5纲（多板纲、腹足纲、掘足纲、双壳纲和头足纲）111科，是一部具有一定参考价值的海洋贝类图鉴。

初次见面，请多包涵

腹足纲。腹足纲是比较低等的类群，分3亚纲8目，约8万种，是软体动物门中最大的一纲。

腹足纲的外形特征是：有一个呈螺旋形的外壳；多数种类为右旋，少数为左旋；足部通常位于身体的腹面，适合于爬行；足部常能分泌一个角质的或石灰质的屑，掩盖壳口，起保护作用。

腹足纲有植食和肉食两个种类。植食种类以藻类、菌类、地衣和苔藓植物等为食。肉食种类可食海参、蟹类或吮吸贝壳内的营养液。此外还有少数营寄生生活的种类。

双壳纲。又称瓣鳃纲，和腹足类同出一个共同的祖先。大部分生活在海水中，分6亚纲13目，约2万种。是软体动物门中经济价值最大的一个纲。

双壳纲的外形特征是：有一对左右对称的贝壳，偶有不对称的；身体下方有一个肌肉发达，形状如斧头的足，因此双壳纲也称斧足纲。双壳纲是海洋养殖业的主要种类，是人类最重要的海洋动物资源。

腹足纲和双壳纲

【实验与探究】
肉重还是壳重

有的同学认为软体动物的外壳比肉重，有的同学的观点恰好相反。请同学们设计一个实验，通过实验得出结论，好吗？

头足纲。现存种类约有790种，化石种类在10000种以上。现存头足纲动物是软体动物中向着特化的方向进化较快的群体。

头足纲5个亚纲中有3个为化石种，鹦鹉螺亚纲绝大多数为化石种，仅存鹦鹉螺一种，鞘形亚纲现存种类主要为乌贼（十腕目）和章鱼（八腕目）。

头足纲现存种类的外形特征是：外壳退化，呈内壳或无壳；足着生于头部，特化为腕和漏斗，故称头足类。

角贝

鹦鹉螺

掘足纲。分为角贝目（台湾称为象牙贝）和管角贝目（台湾称为光滑象牙贝）2目，300多种，我国已发现20余种。

掘足纲的外形特征是：贝壳呈管状，壳近直或弓曲，形似牛角或象牙，两端开口，故称"角贝"或"象牙贝"；足发达呈圆柱状，头部退化为前端的一个突起。

无板纲。包括新月贝目和毛皮贝目两目，有200多种，是软体动物中的原始种类。体呈蠕虫状，细长或短粗，无贝壳。体表包裹具石灰质细棘的角质外皮。生活在低潮线下数十米至深海海底。

单板纲。为最原始贝类，绝大多数为化石种，有一个帽状或匙形的贝壳，曾经被认为已绝灭了近4亿年。近年来又发现了一些生活标本，本纲对研究贝类的起源与演化具有重要意义。

多板纲。包含3个目约1000种。全部生活在沿海潮间带，常以足吸附于岩石或藻类上。

无板纲、单板纲、多板纲基本上没有经济价值。

小贝壳　大用途

海洋贝类种类多、分布广、数量巨大，对于人类而言，小小贝类有着大大用途，是人类必不可少的重要生物资源。

海洋贝类资源是人类重要的食物来源。

许多贝类不仅味道鲜美、而且营养价值高，含有丰富的无机盐和多种维生素。海洋贝类占世界海洋渔获量的1/10。在我国，海洋贝类养殖产量占渔获量的3/4，鱿鱼、墨鱼是海洋渔业重要的捕捞品种，双壳类的牡蛎、贻贝、蛏、蚶等都是珍贵的海产食品。

不少海洋贝类可供药用。

鲍的贝壳叫石决明，乌贼的内壳为海螵蛸，珍珠粉是名贵的药材，贻贝、牡蛎及一些双壳类的贝壳都是常用的中药。

一些海洋贝类在工农业生产中具有一定的价值。

如量多的小型软体动物可以做农田肥料或饲料，贝壳可成为烧石灰的原料。

贝壳独特的形状和花纹，丰富的色彩和光泽，可以制成人们喜爱的玩赏品、日用品和装饰品。

海洋贝类化石和生物构造的研究，对地质学、生物进化等科学研究，具有指标性意义。

贝雕工艺品

软体动物门在地质历史时期中有很多可作为指示沉积环境的指相化石。在世界和中国寒武系的最底部，已有单板纲和其他软体动物化石出现，中生界的不少菊石成为洲际范围内划分、对比地层的带化石；蜗牛化石能反映第四纪气候环境。

本节小结

海洋贝类分为7个纲，是人类必不可少的重要生物资源。

练习与思考

已知的现存海洋贝类约为（　　）。

　　A. 13万种　　　　　B. 11万种　　　　　C. 8万～9万种　　　　　D. 2万～3万种

第二节　美味可口的腹足贝类

【纲举目张】

腹足纲中有许多可供食用的种类，可做成令人垂涎三尺的佳肴。

鲍鱼

鲍鱼虽有鱼名，但和鱼类风马牛不相及。全世界约有鲍鱼90种，遍布太平洋、大西洋和印度洋。

鲍鱼属腹足纲、前鳃亚纲、原始腹足目、盾鳃亚目、鲍科。鲍鱼是一种原始的海洋贝类，只有半面外壳，壳坚厚，扁而宽。鲍壳表面粗糙，间杂黑褐色斑块，壳内壁光滑，色彩斑斓，辉映成趣。

鲍鱼多生长在水清流急、藻类密布的岩礁海域，以海藻和浮游生物为食。

我国常见的鲍鱼品种有皱纹盘鲍、半纹鲍、羊鲍、杂色鲍（又叫九孔鲍）。

我国出产的鲍鱼，首推渤海湾的皱纹盘鲍，个头较大，呈长椭圆形，大的接近一个巴掌；另有南海出产的半纹鲍、羊鲍以及东南沿海的杂色鲍，个体较小；鲍鱼天然产量少，因而价格高昂，现在市面上见到的多是人工养殖的杂色鲍。

鲍鱼肉质鲜美，营养丰富，素称"海味之冠"。

我国民间称"鲍、参、翅、肚"为四大海味，鲍鱼列居首位。爆炒、煲汤、清蒸、酱卤，无所不宜，妙味无穷。

鲍壳是我国传统的名贵药材，中药学称石决明，又叫它千里光，有明目的功效。此外石决明其性清热平肝、滋阴潜阳，常用于医治头晕眼花、高血压等征候。

鲍壳色彩绚丽的珍珠层，是装饰品和贝雕工艺不可或缺的原料。

鲍鱼

鲍壳——石决明

香螺

香螺科约有40种。主要分布在美国东南部、印度—太平洋海域。我国主产地为黄海、渤海以及台湾海峡地区。

香螺属腹足纲、新腹足目、香螺科，为中大型贝类，个头在5～15厘米，市面上见到的在6～10厘米。壳坚实而厚，略纺锤形。肉质肥厚，咬一口满嘴肉香，故称香螺。属于中高档海鲜品种。

香螺

腹足纲、异足目中的蛙螺，和香螺在外形和颜色上有点相近。香螺外壳瘦长，蛙螺粗短扁状，体层膨大，螺塔低，肉质恶臭，与香螺更是不可同日而语。

山东青岛一带俗称的"香螺"不是本品种，而是玉螺的一种。

赤蛙螺

玉螺

玉螺科目前已知有80种左右，全国沿海均有分布。壳长在2～4厘米之间，肉味鲜美，是市场上常见的经济型贝类。

玉螺属腹足纲、前鳃亚纲、中腹足目、玉螺科，福建沿海称"蚶虎"。热、温、寒带海域均有分布，通常栖息在潮间带或泥、沙底。贝壳呈球形或陀螺形，螺旋部短，体螺层膨大，壳面平滑，有全色、条纹或斑纹。

玉螺为肉食性动物，以双壳类软体动物或者其他动物为食，吻的腹面有穿孔腺，能溶解双壳类动物的贝壳，然后用齿舌锉食其肉，是滩涂贝类养殖的敌害之一。常见种类有褐带玉螺、方斑玉螺、大玉螺、扁玉螺、星光玉螺、黑唇玉螺、腰带玉螺等。

玉螺

瓜螺

瓜科分布于印度以及我国福建、广东、海南等地，闽南俗称"花螺"，常见于较深的近海泥以及泥沙质的海底。瓜螺肉足肥大，有黄白绿相间的花纹，味道一般。

瓜螺属腹足纲、新腹足目、涡螺科。为中大型贝类，个头在20~30厘米者是常见的，单个连壳0.5~1千克是常见的，1.5~2.5千克也不奇怪。贝壳近圆球状，体螺层极膨大。全壳橘黄色，杂有棕色斑块，足大，无厣。瓜螺在厦门地区属于低档的海鲜。

【相关链接】
瓜螺竟充当帝皇螺

2009年1月11日晚，三亚工商局凤凰工商所工作人员接到投诉后，立刻向消费者调查了解情况。在点菜单上明确写着"帝皇螺，每斤480元，8斤，共3840元"。

经查，该海鲜店销售的所谓"帝皇螺"实际上是普通的瓜螺。该店为了牟取暴利，谎称其为"帝皇螺"，按每市斤480元的价格出售。

根据调查结果，执法人员当场责令退还游客餐费3840元，并对海鲜大排档欺诈游客的行为立案调查，待调查清楚后，将予以严惩。

（食品商务网）

报道中的"帝皇螺"，根据照片显示，应该是凤凰科的一个属种，无论是外形还是肉质，和瓜螺都有巨大的差别，且珍贵得多。

瓜螺

帝皇螺

东风螺

分布于我国东南沿海、东南亚及日本等海域，生长在潮下带数米至数十米水深的海底泥沙中。肉质鲜美、酥脆爽口，是近年来国内外市场畅销的经济型海产贝类。主要种类有方斑东风螺、泥东风螺和台湾东风螺3种。

东风螺属腹足纲、蛾螺科、东风螺属，厦门地区称旺螺。近年来，东风螺的人工养殖研究取得了积极的进展，养殖生产规模日渐扩大，其中以海南省养殖面积最大。

【相关链接】
"东风螺"事件真相

2006年8月23日，广东江门市有人因为生吃"东风螺"而出现脑压升高、深度昏迷等脑膜炎症状，并且有生命危险，疾控中心的专家怀疑病人感染了广州管圆线虫。有专家指出：东风螺由于比福寿螺更容易寄生广州管圆线虫，一颗东风螺可含有9000多条广州管圆线幼虫。广州食安办已组织专家起草生食水产品警示，提醒市民不要生食河鲜，其中包括福寿螺、东风螺等。

这则报道在市民中引起了很大的反响。第二年，方斑东风螺的销售价格急剧下降，对大面积推广养殖东风螺的海南养殖业造成了直接的影响。但实际上，引发疾病感染的元凶叫"褐云玛瑙螺"，别名也叫东风螺。这种螺生长在陆地上芭蕉树林下，草丛、瓦砾、墙壁等阴湿处，属玛瑙螺科，为淡水螺。方斑东风螺生活环境是浅海，属咸水螺，不是广州管圆线虫的寄生宿主。广州管圆线虫在海中存活的可能性极小，更不会寄生在东风螺上。

东风螺

褐云玛瑙螺

骨螺

骨螺是骨螺科的统称，多产于热带近海多岩石的浅水中，种类很多，我国沿海已知有150种左右。食用骨螺多数属于小型种，肉并不多，但鲜美味足，是经济价值较高的一个大类群。

骨螺属新腹足目、骨螺科，种类较多，有岩螺、岩蛾螺、荔枝螺等别名，浙江沿海叫"辣螺"，厦门地区叫做苦螺。多数生长在浅海泥沙、岩石或珊瑚礁间，贝壳呈纺锤形，壳质坚厚，一般壳高2～3厘米，造型奇特，千姿百态，花纹雕刻丰富多彩，有螺肋、结节、刺、长棘或纵肿肋等。

餐馆酒店大排档多以玉螺、东风螺等拼盘白灼，佐以蒜茸酱醋，风味独特。

骨螺

本节小结

腹足纲中有许多可供食用的种类，如鲍鱼、香螺、玉螺、东风螺、骨螺等。

活动建议

1. 从课文中找出10种食用海洋贝类的名称。

2. 回忆一下，你吃过的一两种海洋贝类，向同学介绍该贝类名称并描述其基本形状。

第三节　爱不释手的贝壳

万宝螺、唐冠螺、凤尾螺和鹦鹉螺并称世界四大名螺。它们是海底的重型坦克，独特美丽的贝壳是克敌制胜的装甲。鹦鹉螺属于头足类，不在本节讨论范围。

人们通常所指的海洋贝壳，绝大多数属于腹足纲。尽管它们的肉质有很多也是鲜嫩无比，但和它们绚丽亮泽造型诡异的外壳相比，肉质的价值是微不足道的。

海洋贝壳饰品的最大特点是"独此一个，别无他家"，故物以稀为贵。

唐冠螺

唐冠螺简称冠螺，四大名螺之一，因其形状与我国唐代军士的头盔类似而得名。冠螺属于大中型贝壳，个体长30～40厘米、重1.5～2.5千克是常有的事。壳厚重结实，坚固完整，冠螺成体呈半球状，螺塔低，壳口成半月状，内唇上有厚厚的茧，外唇厚，内部呈细齿状。内壁色泽靓丽，金黄灿烂，极尽雍容华贵本色。

唐冠螺

冠螺壳个体大，造型独特，色彩鲜艳美丽，是居家陈设的天然珍品。

唐冠螺属腹足纲、前鳃亚纲、中腹足目、鹑螺超科、唐冠螺科，属国家二级保护动物。有人叫皇冠螺，可能是读音误传造成的。现存80多种，大型种有火焰唐冠螺、宽口唐冠螺、黑嘴唐冠螺、西非唐冠螺、帝王唐冠螺等。主要分布在东非沿岸、东南亚、日本南部以及我国的台湾和海南、南海诸岛。栖息在低潮线水深1～30米的碎珊瑚底质的浅海，主要以棘皮动物如海胆等为食。

雄性冠螺个体较小，造型和色泽比较漂亮，雌性的螺体会大一些。

万宝螺

被誉为四大名螺之一，万宝螺也是属于冠螺科的种类，但个头比冠螺小了许多，成体多在10～20厘米之间，大于25厘米的也有，但较罕见。

万宝螺外壳厚实沉重，螺塔低，壳口大，口唇外翻，形状椭圆适中。整体色彩红褐、咖啡和黄白纵横交错。整体颜色匀称，手感光滑温润，尊贵华丽，集收藏、观赏、装饰作用于一身，属于娇媚天成，难以言喻。

万宝螺和唐冠螺同属于腹足纲、鹑螺超科、唐冠螺科，产地主要集中在太平洋—印度洋热带海区域内的珊瑚礁周围、我国海南岛东北海域、台湾地区等。以捕食细微海藻、海洋浮游生物以及有机碎屑为生。我国有一些沿海地区，民间有收藏万宝螺家中可以招财进宝的说法。

万宝螺

一家之言　**万宝螺好在名字上**

民间有万宝螺是招财进宝的象征，吉祥珍贵的化身等说法，但没人能给出令人信服的理由，也许是万宝螺悦人的名字和外貌使它们成为人们美好向往的寄托象征吧。

名字好。这是最主要的，"万宝螺，罗万宝"，多吉祥的广告语。

颜色好。万宝螺火红金黄的色彩，和中国人"红红火火"的热烈喜庆主色调不谋而合。

造型好。万宝螺巧夺天工的奇特造型，加上温润如玉的视觉，可以说是人见人爱。

来源好。来自大海，且"有独无偶"，十分稀少而珍贵。

凤尾螺

因外形酷似孔雀色彩斑斓的尾羽而得名，又因在佛教中被供奉为法物，亦称大法螺，民间俗称海神螺，简称法螺。

凤尾螺属于大型贝类，体长达到30厘米以上，据说浙江宁海某人收藏有"天下第一法螺"长度达77.21厘米。

凤尾螺塔高而尖，外形比较规整，犹如一个斜口的圆锥体。宽大的体层每层有两条明显的纵胀肋。壳表为乳白色，有深褐色斑纹和新月形斑纹。

凤尾螺的大喇叭外形具有极佳的扩音效果，民间常用来做驱魔的号角，号声浑厚，深沉嘹亮。

法螺

【相关链接】
法螺是佛教重要的法器

法螺是佛教重要的法器。古人相信大法螺具有无上法力，认为法螺乃佛之法音的标志，是智慧和力量的化身。我国一些寺庙常供奉大法螺，"寺观堂前响法螺，驱魔避邪保平安"。

藏传佛教认为，法螺雄壮庄严的外观是力量的象征，深厚嘹亮的声音有驱魔辟邪、保佑平安的法力。"吹之则渚灭神欢喜，旦闻之渚灭罪障"。在西藏布达拉宫内，有一件海螺法器，长度接近58厘米，是国内庙宇中最大的法螺，属于国宝级文物。

凤尾螺属于腹足纲、异足目、法螺科，主要分布在西南太平洋，以我国台湾海峡以南直至南海为最多。喜欢栖息在海藻繁茂的岩石和珊瑚礁上，过附着生活。凤尾螺是肉食性贝类，喜欢吃海参、芋螺、海星，在保护珊瑚礁及保护珊瑚礁生物群落的生物多样性方面，具有重要的生态学意义。

凤凰螺

凤凰螺简称凤螺，是腹足纲、中腹足目、凤凰螺科贝类的统称，包括凤凰螺、水字螺和蜘蛛螺，是一类颇具特色的大中型贝类。

凤凰螺

凤凰螺形状多样，贝壳低矮，体螺层膨大，唇部扩张，整体造型奇特。壳表颜色丰富多彩，光鲜美丽，具有很强的观赏性。著名的品种有女王凤凰螺、金拳凤凰螺、紫袖凤凰螺、金斧凤凰螺、雄鸡凤凰螺等。

凤凰螺主要分布于印度洋和太平洋的热带海域中，喜欢在岩石、细沙质或珊瑚礁的海底栖息，因外壳沉重，故行动迟缓。贝壳上常附着许多用来遮蔽的其他生物，如海藻、苔藓、小螺等，以达到拟态和伪装的效果。有的壳上还长有瘤状的突起或长棘，一副让敌手望而生畏的模样。它们在和棘皮动物如海星、海胆的决斗中经常占上风。

强缘凤螺

篱凤螺

水字螺

水字螺壳质厚实，呈纺锤形，外缘有6只长长的突出，呈水字排列，故称水字螺。

水字螺生活在热带和亚热带海区，以藻类和有机碎屑为食。在中型以上贝类中属于行动敏捷的角色。

日本琉球人喜欢在屋檐下悬挂水字螺，作为避火灾的吉祥物，有"水浇火灭"的含意。

水字螺

蜘蛛螺

因外壳口一侧有7根突起的长管，形状如蜘蛛而得名，民间俗称七爪螺。

蜘蛛螺为凤凰螺科观赏和收藏价值较高的大型贝类之一。分布在日本琉球以南、澳洲以北、东非以东的印度—太平洋海域，在我国产于台湾、澎湖、海南及南海诸岛。蜘蛛螺栖息于低潮线下的浅海沙底以及珊瑚礁间。雌性比雄性个头大，棘也长一些。

蜘蛛螺

芋螺

芋螺又叫"鸡心螺"，因外壳前尖瘦而后粗大，形状如芋头（或鸡的心脏）而得名。

芋螺属于中大型贝类，多数个体在10厘米以内，适合于手中把玩，偶尔也有20厘米以上的个体，只能摆放在案头柜间。

芋螺外壳密实细润，光滑透亮，上面有规律地分布着各种精致图案，精巧可爱。如彩虹芋螺、黑星芋螺、玉女芋螺、大头芋螺等。

芋螺是腹足纲中的一科，约500种左右，分布在大西洋、印度洋、地中海、红海等广袤的温暖海域，活动在珊瑚礁附近，以蠕虫、小鱼及其他软体动物为食。

芋螺是海洋中"美丽的毒枭"，用"最美丽的往往是最致命的"来描述一点也不为过。在温柔娇弱的外表下藏着一颗凶恶狠毒的心，位列世界上最危险生物第27名，人类因鸡心螺毒液致死的记录至今已有30多例。

字码芋螺

大头芋螺

榧螺

因外形如香榧子而得名。螺壳顶尖，迅即向外扩展为体螺层，螺口窄长。榧螺体形多变，小巧玲珑，花纹纤细瑰丽，如玛瑙剔透，似宝石闪光，是人们喜爱的钥匙扣挂件。

榧螺属腹足纲、新腹足目、榧螺科，包括榧螺、假榧螺和弹头螺。种类很多，遍布世界各海域，栖息于潮间带或低潮线下的浅海砂底。常见种类如泡形榧螺、正榧螺、宝岛榧螺、红口榧螺、橙口榧螺、彩饰榧螺、风景榧螺、字码榧螺、斑马榧螺等。

实际上，海洋贝类中精巧逗人的种类不胜枚举。如宝贝科、骨螺科、马蹄螺科、翁戎螺科等等的很多种属，皆妙不可言，美不胜收。

橙口榧螺

字码榧螺

斑马榧螺

本节小结

腹足纲的许多贝壳具有很强的观赏和收藏价值，除了万宝螺、唐冠螺、凤尾螺等名螺外，凤凰螺、水字螺、蜘蛛螺、芋螺、榧螺等，或造型新奇，或色彩艳丽、或精致小巧，成为人们喜爱的天然艺术珍品。

笔螺

配景轮螺

练习与思考

四大名螺中不属于腹足纲的一种是（　　　　）。

A. 鹦鹉螺　　　　　B. 凤尾螺　　　　　C. 唐冠螺　　　　　D. 万宝螺

活动建议

采集一种观赏性海洋贝类，在小组或班级进行简单介绍并展示。

第四节　我国传统"四大养殖贝类"

【纲举目张】

双壳纲又称瓣鳃纲或无头类、斧足类，有6亚纲13目2亚目28超科85科约有2万种，从潮间带至数千米的深海都可以找到它们的踪影，不要小看这些潜居在泥沙或固着在其他固定物上的小家伙们，它们大部分可以食用，是软体动物门各纲中经济价值最大的一个群体。

我国传统的"四大养殖贝类"蛤（gé音同格）、蚶（hān音同酣）、蛏（chēng音同撑）和蚝（háo音同毫）都属于双壳纲。

生物学界对双壳纲的分类主要有两种，即"三目分类"和"六亚纲分类"。

"三目分类"是根据贝体绞合齿的形态、闭壳肌发育程度和鳃的结构等，将双壳纲分为列齿目、异柱目、真瓣鳃目三目；"六亚纲分类"是将双壳纲分为古多齿亚纲（又称古列齿亚纲）、隐齿亚纲、翼形亚纲、古异齿亚纲、异齿亚纲、异韧带亚纲6个亚纲。虽然有所分歧，但实质上大同小异。

双壳纲的两个贝壳一般是左右对称，但也有少数是不对称的。

蛤

蛤是蛤类的通称，覆盖了双壳纲所有亚纲的多数科属，其中最主要的经济蛤类是帘蛤目下的科属。

帘蛤目为双壳贝中最大最多样的一个类群，有18超科17科，已知2500种以上。

蛤类最重要的养殖品种有帘蛤科的菲律宾蛤、波纹巴非蛤、短文蛤，樱蛤科的彩虹明樱蛤以及紫云蛤科的一些属种。

帘蛤科是帘蛤目下的一科，全世界约有600种，我国近海有100余种，是经济价值较高的一个科。

菲律宾蛤仔。简称菲律宾蛤，俗称砂蛤、杂色蛤、蛤仔、蛤蜊，闽南人称花蛤，因外壳遍布各色花纹而得名。菲律宾蛤是一种小型海产贝类，个体虽小，但味道鲜美，是我国大规模人工养殖的重要贝类品种。

菲律宾蛤仔壳坚厚、呈卵圆形、椭圆形或略成梭形。大多栖息在潮流畅通，风浪较小，有流水注入的砂泥底质的内湾滩涂，以硅藻等小型海藻为食。

波纹巴非蛤。台湾叫波纹横帘蛤，简称巴非蛤，闽南称为油蛤，因外壳晶莹油亮而得名。产于我国福建、广东和广西沿海，生长在潮间带低潮线至潮下带浅海软泥中,穴居深度为30～40厘米。

巴非蛤贝壳呈长卵圆形，壳薄且坚固。壳面光滑,呈淡棕褐色，布有深棕褐色的网目状花纹。巴非蛤味鲜肉美，资源蕴藏量大，是浅海养殖的优良种类。

文蛤。文蛤是文蛤属的统称，江苏、山东一带俗称"花蛤"，因贝壳表面光滑且布满红、褐、黑多色花纹而得名。台湾、闽南叫蚶仔

菲律宾蛤仔

波纹巴非蛤

你知道吗

双壳纲及其别名的由来

因为每个成体都由两片贝壳构成，所以叫双壳纲；又因为这类动物都有特殊的呼吸器官——瓣状鳃，故称瓣鳃类。还因为这类动物头部退化消失，于是称无头类；另有人因这类动物发达的足和斧头很像，因而称其斧足类。

或文蛤。有文蛤、短文蛤、斧文蛤、丽文蛤等多个品种。

文蛤体呈三角形，腹缘圆形，壳质坚厚，两壳大小相等，喜欢在河流入海处的内湾及河口附近的细沙质海滩生活。我国主要产区有辽宁、河北、山东、江苏沿海，5~6月为盛产期。

蚶

蚶是我国传统的养殖与食用贝类，种类不多，主要是魁蛤目下的一些科属，目前已知约10种，最为常见的品种有毛蚶、泥蚶和魁蚶。

毛蚶

毛蚶。毛蚶因壳表面有一层褐色带绒毛的表皮而得名。我国沿海地区都有分布，莱州湾、渤海湾、辽东湾、海州湾等浅水区为最重要产区，7—9月为盛产期。

毛蚶壳厚坚硬，壳面膨凸，生活于浅海水深20米以内的泥沙海底，个体约在3~10厘米间。以浮游植物有机碎屑为食。

毛蚶会因水域受到污染而带有甲肝病毒，人如果食用不洁的毛蚶，容易引发甲肝流行，因此特别提醒：谨慎食用毛蚶，特别是未煮熟烧透的毛蚶。

泥蚶

【相关链接】
上海甲肝大流行

1988年初春，一场突如其来的甲肝大流行，打乱了上海这座大都市的正常生活。空前拥挤的医院门诊，摆满病床的工厂仓库，甚至是旅馆和学校教室，这场疫病流行，整整持续了2个月，甲肝感染者超过35万人，死亡31人。

当时，一开始出现的并非甲肝，而是一场痢疾流行，这场痢疾流行于1987年年底，因腹泻而急诊的病人特别多。通过急诊登记发现，绝大多数病人都吃过毛蚶，从流行病学的角度我们基本确认，是受到污染的毛蚶引起了痢疾流行。

邻近上海的江苏启东是甲肝高发区，在1983年，上海市居民曾有4万余人在食用毛蚶后患上甲肝。1987年底，启东毛蚶大丰收，大量受到粪便污染的毛蚶进入上海菜场。

看看当时上海人吃毛蚶的不良习惯吧。用开水把毛蚶泡一下，然后用硬币把壳撬开，在半生不熟的毛蚶肉上加点调料就可以吃了。这被许多上海人视作美食。这种生食毛蚶的方法，就让毛蚶腮上所吸附的大量细菌和甲肝病毒轻而易举地经口腔侵入消化道及肝脏，导致疾病。

后来的毛蚶病毒检验报告，也证实了甲肝确实是由毛蚶传播。

(新浪读书)

泥蚶。沿海各地均有分布，生产旺季为8—10月。

泥蚶有很多别名：有一别名因壳表放射肋如古建筑屋顶瓦垄子，故称瓦楞贝瓦垄蛤，简称瓦垅蛤；闽南人称泥蚶血蚶、血螺，因泥蚶血液中含有泥蚶血红素，呈红色而得名。

泥蚶肉味鲜美，含多量蛋白质和维生素，既可鲜食，也可制成干品。

泥蚶和毛蚶一样，会因水域受到污染而带有甲肝病毒。所以吃半生半熟的泥蚶很危险，有可能感染肝炎。

一家之言　泥蚶和毛蚶的区分

民间对泥蚶和毛蚶有时混为一谈。其实很容易分别：毛蚶外壳带有密密麻麻的毛，泥蚶很少或几乎无毛；生泥蚶的血是红的，毛蚶为黄色或其他颜色，红色不明显。

魁蚶。魁蚶为大型蚶，壳长近10厘米。黄海北部、大连、丹东等地为我国主要产区，山东文登、威海、石岛和河北塘沽等地也有一定产量。

魁蚶壳质坚实且厚，斜卵圆形，极膨胀。壳面白色，带棕色绒毛状壳皮。

焦边毛蚶、大毛蛤、赤贝、血贝等都是魁蚶的俗称。主要栖息在潮间带岩石缝间。

魁蚶肉味鲜美，营养丰富。近年来，魁蚶人工养殖发展迅猛，成为我国出口创汇的优势水产品之一。魁蚶人工养殖理论和技术研究，是国内滩涂养殖研究的一个热点话题。

蛏

蛏是竹蛏超科可食用贝类的通称，包括缢（yì）蛏（又名毛蛏）、竹蛏、刀蛏、荚蛏等属。在我国，竹蛏约有20种，刀蛏约10种。其中最有代表性的品种是缢蛏和竹蛏。

蛏长相奇特，这和蛏生长在软泥滩上挖穴潜伏的习性相适应。蛏有两个和橡皮管一样的发达水管，可以根据需要伸缩调控水管尺寸。依靠这两个水管与滩面上的海水保持联系，从入水管吸进新鲜海水，过滤出食物，废物和污水从排水管排出。

缢蛏。因从壳顶到腹缘有一道好像被绳子勒出来的斜行的凹沟，故名缢蛏。

缢蛏壳长形，两端圆，呈灰白或灰黑色，长5～8厘米。缢蛏壳体肥，肉质鲜嫩，含有蛋白质、脂肪、糖类及矿物质和维生素，有退热散结、通淋止带的功效，是一种经济实惠的大众化的海产品。

人工养殖缢蛏在闽浙两省已经有几百年的历史，用蛏肉制作的蛏干和蚝干齐名，是当地重要的干海产种。

竹蛏。因壳体形长如竹竿而得名，主要品种有长竹蛏和大竹蛏。

和缢蛏相比，竹蛏体型更细更长，截面更圆。长竹蛏可达10厘米以上，大竹蛏甚至超过20厘米。呈黄白或黄褐色。

竹蛏足部肌肉发达，味极鲜美，肉质比缢蛏口感更好，市面上价格也比缢蛏高出不少。

缢蛏

蚝

又名牡蛎（mǔ lì），是双壳纲、牡蛎目、牡蛎科的通称。牡蛎科有3个属，即牡蛎属、厚牡蛎属和细齿蛎属。

牡蛎俗称蛎黄、蚝白、海蛎子、青蚵、生蚝、牡蛤、蛎蛤等。遍布于热带和温带沿海水域，是世界上产量最大的水产养殖种类。

牡蛎贝壳的两壳并不对称。下壳大而厚像一口棺材，是牡蛎软体的藏身处；上壳小而平，像棺材盖覆盖在上方。

牡蛎是世界上产量最大的水产养殖种类。

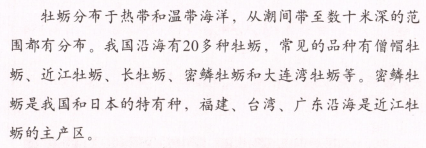

竹蛏

牡蛎分布于热带和温带海洋，从潮间带至数十米深的范围都有分布。我国沿海有20多种牡蛎，常见的品种有僧帽牡蛎、近江牡蛎、长牡蛎、密鳞牡蛎和大连湾牡蛎等。密鳞牡蛎是我国和日本的特有种，福建、台湾、广东沿海是近江牡蛎的主产区。

牡蛎肉质细嫩，鲜味突出，味道独特。

近江牡蛎。因在淡水入海的河口生长最繁盛而得名。

贝壳大型，长达24厘米，高15厘米，质坚厚。体型多变化，有圆形、卵圆形、三角形和长方形等。

褶牡蛎。因外形皱褶较多而得名。

贝壳较小，一般壳长3～6厘米。体形多变化，大多呈延长形或三角形。

牡蛎

大连湾牡蛎。因其产地在大连湾附近海域而得名。

贝壳大型，壳长10余米，壳高6厘米许。壳顶尖，延至腹部渐扩张，近似三角形。

长牡蛎。长牡蛎是我国南方沿海主要的养殖品种之一，以广东和福建最多。

近江牡蛎

长牡蛎壳大而坚厚，以长条形为多，也有呈长卵圆形个体者。大的个体壳长达30多厘米，高10厘米左右，环生鳞片呈波纹状。右壳较平，左壳深陷，壳表面有淡紫色、灰白色、黄褐色多种。壳内如白色瓷质。

褶牡蛎

【拓展阅读】
牡蛎壳污染与蚝壳屋

牡蛎壳污染

在福建、台湾沿海的一些牡蛎产地，牡蛎壳的处理是个大问题，由于传统的"牡蛎壳烧制石灰"无疾而终，牡蛎壳污染已经给当地居民的生产生活造成严重的影响。

2007年惠安县年产牡蛎达9.5万吨，排壳量约6.7万吨，折12.1万立方米，日均184吨，折331立方米。

厦门集美、浔尾渔村盛产海蚝，蚝壳成了废物，被四处丢弃。蚝壳土埋不烂水浸不腐，火烧不燃日晒不化。

浔浦女与"蚝壳厝"

浔浦女生活在福建泉州东海镇的浔埔渔村，那曾是著名的"海上丝绸之路"的起点。浔浦女与惠安女、湄洲女被称为福建"三大渔女"。

浔浦女勤劳贤惠，至今还保留着母系社会的走婚习俗。神奇的生活习俗，常年装饰的美丽头饰，独一无二的房子——"蚝壳厝"（用牡蛎壳建造的房子），都使她们备受人关注。

本节小结

我国传统的"四大养殖贝类"蛤、蚶、蛏、蚝是双壳类中经济价值较高的代表性种类。

练习与思考

我国传统"四大养殖贝类"中两个贝壳不对称的品种是（　　　）。

A.蛤 　　　　　 B.蚶 　　　　　 C.蛏 　　　　　 D.蚝

第五节　珍珠之母

【纲举目张】

狭义的珍珠贝指的是海洋生物分类学中的珍珠贝目、珍珠贝科的一些属种；广义的珍珠贝指的是海洋中能生产珍珠的双壳纲贝类的总称，包含了珍珠贝目中的珍珠贝、扇贝、不等蛤、江珧以及帘蛤目的砗磲科等的一些属种。蚌科和珍珠科则属于淡水类。

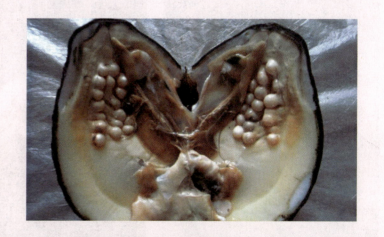

珍珠贝是双壳纲贝类，是用足丝附着在岩石、珊瑚礁、沙砾或其他贝壳上生活的种类。珍珠贝都生活在暖海区，我国主产地为福建、广东、台湾和海南。

珍珠是天然艺术品，作为饰物有悠久的历史，人们用珍珠作成美丽的佩饰和器具上的装饰，和钻石、玛瑙并称为财富的三大象征。

珍珠贝的色彩有白色、粉红色、乳白色、乳黄色、青白色、黄色、古铜色之分。壳内灿烂的珠光，色彩夺目。其主要成分是文石、方解石、有机质和水等物质，硬度为莫氏2.5～4度。

珍珠的产生完全是"无意插柳柳成荫"。

当珍珠贝在张开双壳时，沙粒或小虫等掉了进去，珍珠贝受外来物的刺激分泌出珍珠质，把"入侵"者包围起来，久而久之，珍珠贝体内便形成了一粒珍珠。这就是天然珍珠的形成过程。

珍珠是重要的药材。

它在医药上有安神定惊、清热解毒、消炎止痛、润泽肌肤、收口生肌等功效。中医中的六神丸、安宫牛黄丸、行军散、八宝眼药等几十种中药成药中都有珍珠粉的成分。今天，用珍珠粉制成的珍珠霜、珍珠露、珍珠膏等高级化妆品，深受女性朋友的青睐。

贝类之王——砗磲

砗磲（chē qú 音"车渠"）原称"车渠"，是帘蛤目砗磲科的统称，共有2属10种。主要分布于印度洋—太平洋海域，栖息于浅水珊瑚礁间。我国主产区为台湾、海南三沙市等海域，代表种类有库氏砗磲、无鳞砗磲、鳞砗磲、长砗磲和番红砗磲等。

车渠名称始于汉朝，因外壳表面有一道道放射状沟槽，犹如车轮压过的辙痕而得名；后人又因其壳质坚硬如宝石，加"石"旁，是为砗磲。

砗磲是海洋贝类中最为珍贵的种类，属于国家一级保护动物。

砗磲

砗磲是现存的最大型海洋贝类。

砗磲号称"贝类之王"，体积庞大，重量惊人，据说最大的砗磲长径接近2米，重量达500千克以上。早先，我国西沙群岛的一些渔民家里，常将砗磲的外壳作为花盆、脸盆甚至是喂猪的食槽使用。

砗磲贝质地的纯白度为世界之最，自古以来一直被视为珍贵的珠宝之一。

砗磲贝壳大而厚，表面粗糙，内里质地细腻，颜色洁白，具有变幻的晕彩和炫目的光泽，以它为原料的雕刻饰品历来备受推崇。

【相关链接】

1983年，国际社会将砗磲贝列为世界稀有海洋生物加以保护，华盛顿公约规定禁止天然砗磲的贸易。

砗磲

珍珠贝

珍珠贝科的种类很多，我国已报道的种类有17种，如马氏珍珠贝、白蝶贝、企鹅珍珠贝等。

很多珍珠贝种类喜欢生活在海水清澈、水流不急的开敞内湾，自潮间带至10余米深的混有砾石的泥沙底质上，合宜的海水温度在15～25℃之间。

马氏珍珠贝。又称合浦珠母贝或合浦贝，是重要的海水养殖贝类和生产珍珠的主要母贝，国际上公认的质量首屈一指的南海珍珠，就出产在我国广西合浦。

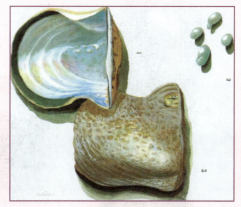

合浦贝

马氏珍珠贝分布在东南亚、西南太平洋和我国广西、广东和台湾海峡南部沿海一带。贝壳斜四方形，壳内面珍珠层较厚，坚硬，有光泽，角质层灰黄褐色，间有黑褐色带。

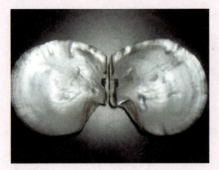

白蝶贝

珍珠

白蝶贝。是南海特有的珍珠贝种，也是世界上最大最优质的珍珠贝，在南海尤其在儋州、临高和澄迈等市县沿海海域，资源非常丰富，有"珍稀瑰宝"的美称。

白蝶贝又称大珠母贝或白蝶珍珠贝，属于热带、亚热带海洋的双壳贝类。白蝶贝是珍珠贝类中最大的一种，形状像碟子，个体一般在25～28厘米，重3～4千克，比同族的马氏珠母贝大20～30倍。

企鹅珍珠贝。企鹅珍珠贝能生产不同颜色的天然彩色珍珠，俗称"彩虹珠"。彩虹珠珍珠质的分泌速度快，珍珠颜色和贝壳珍珠层本身的色泽以及珍珠形成的位置有直接的关系。

企鹅珍珠贝的贝体呈斜方形，两壳隆起显著，壳面黑色，被有细毛，形状恰似南极洲的企鹅而得名。分布于日本九州以南、琉球群岛、我国台湾、澎湖、南海等热带、亚热带海区。目前人工批量生产的技术还在研究中。

黑蝶贝。因能生产黑珍珠而得名。主要天然产地是太平洋中部的波利尼西亚环珊瑚礁海域，我国广西北海市的涠洲岛海域一带也有发现。黑蝶贝个体大，寿命长，是可能生产大珍珠的贝类之一。

天然珍珠

加工后的制品

本节小结

海洋中的一些双壳纲贝类能够生产珍珠，如珍珠贝目中的珍珠贝及帘蛤目的砗磲科等的一些属种。对珍珠贝的研究利用具有广阔的前景。

练习与思考

天然珍珠是怎样形成的？

第六节　携带烟雾的侠客

【纲举目张】

头足纲是软体动物中的一个特殊群体，分为二腮和四腮两大类。其中四腮类除了鹦鹉螺等少数种类外，多数已经灭绝；现存的二鳃类的代表有章鱼、墨鱼。

四腮类化石种——菊石和菊石复原图

似软实"硬"的佼佼者

头足纲因腕（足）环列于头部而得名。

在生命发展史上，头足类曾高度繁荣，曾达280科1850属14000种以上，如今仅存43科146属不足800种。

章鱼

乌贼

二鳃类分为八腕目和十腕目，它们具有高度发展的知觉和较大的脑，被认为是最聪明的无脊椎动物，位居无脊椎动物的顶端。

八腕目共13科200多种，其中章鱼科较常见且有较高的经济价值。十腕目分为15科，有500多个物种，常见的种类有乌贼和鱿鱼。

它们摈弃了沉重的外壳，从而使行动更加敏捷，突破体形发展的禁锢。

章鱼的外壳完全退化消失，仅依靠体内中胚层形成的软骨支持和保护身体；墨鱼则保留了壳的隔板，外壳退化成作为身体的支持物的扁平船形。

它们在生存竞争中进化出较高的智力和较强壮的体格，能够以柔制刚，成为凶猛的肉食者。

章鱼和墨鱼广泛分布于浅海、深海或大洋上层，以捕获磷虾、沙丁鱼、龙虾、蟹类等为食，与此同时，它们又是抹香鲸、金枪鱼、鲨鱼等的主要猎取对象。

八爪章鱼

章鱼是以八腕目、章鱼科为代表的约140种头足动物的统称，分布于世界各海域，多数活跃在浅海中，少数栖息于深海里。

章鱼的大小相差悬殊。最小的章鱼不过约5厘米，最大的可能长达数米，有记载称大章鱼的腕展达到9米。

章鱼有三大绝活。

智力超群。章鱼有3个心脏，2个记忆系统，大脑中有5亿个神经元，具有"概念思维"，被认为是无脊椎动物中智商最高的。

章鱼可以分辨镜中的自己,可以走出科学家设计的迷宫，吃掉迷宫外的螃蟹。为了躲避"猎食者"的捕杀，章鱼会运用拟态伪装术或断臂，舍"腕"逃生。

不过，章鱼智力的多或寡，长久以来一直为科学家所争论，科学家的相关解谜实验显

示，章鱼具有短期记忆和长期记忆，智商相当于2岁儿童的智力水平。有科学实验表明，章鱼甚至可以打开瓶盖，吃掉里面鲜美的小蟹。

柔术冠军。章鱼可以任意改变身体的形状，只要是大于它的喙（嘴）的缝隙，都可以自由穿行。

章鱼能利用灵活的腕足在礁岩、石缝及海床间爬行。章鱼身体非常柔软，可以将自己塞进任何它想去的地方。

变色第一。在所有的海洋动物中，章鱼变色能力无可匹敌，能根据周围环境的变化，改变自己的颜色。

章鱼的皮肤里有很多色素细胞，色素细胞里有几个扩张器，可以扩大或缩小，能变出各种各样的颜色。

我国近海的章鱼有短蛸、真蛸、长蛸等7种，南北沿海均有分布。黄海、渤海长蛸产量较大，东南沿海则真蛸居多。

石居、八爪鱼、坐蛸、石吸、望潮、死牛等都是章鱼的泛称，不是某一特定种类。短蛸是一种小型章鱼，一般体长20厘米左右，胴部卵圆形或球形，各腕较短，长度大体相等；真蛸体长约50厘米，各腕长度相近，侧腕稍长，腹腕略短；长蛸体型比真蛸还长，第一对腕最粗最长，容易辨认。

烟幕专家乌贼

乌贼又称墨鱼，因身上带有墨样的黑汁而得名，目前已知的超过600种，分布在世界各大洋，主要生活范围从海水表层至数千米的水域。

乌贼主要猎食大型浮游动物、中上层鱼类以及底栖的虾蟹等，海豚、抹香鲸等海洋哺乳动物和某些海鸟是它们的天敌。

【相关链接】

章鱼平时喜欢将自己的身体塞进海螺壳里躲起来，等到鱼虾走近时，就咬破它们的头部，注入毒液，使其麻痹致死，然后美餐一顿。欧洲的许多渔民根据章鱼这一特性，把小瓶子用绳子串在一起沉入海底，章鱼见到了小瓶子会争先恐后地往里钻，结果聪明反被聪明误。

短蛸

长蛸

【相关链接】

乌贼是杰出的烟幕专家，肚中的墨囊里存有墨汁，墨汁中含有毒素且恶臭无比。在遇到敌害侵袭时，它们会从墨囊喷出一股墨汁，把周围的海水染成乌黑的烟幕，在敌害不知所措的瞬间逃之夭夭。

当然，储存一腔墨汁需要很长的时间，耗费不少的能量，因此，不到万不得已，烟幕弹是不会随意投放的。

金乌贼

金乌贼。因胴体在阳光下呈金黄色光泽（雄体）而得名，系广温性洄游种类，胴部卵圆形，体长20～30厘米，属于中型乌贼。

金乌贼是乌贼科的一种，分布在世界各地温暖水域，昼间多活动于中下层，夜间多活动于中上层，范围从表层到千余米不等，是渔业捕捞的重要品种。

曼氏无针乌贼。曾是我国"四大海产品"之一。

曼氏无针乌贼的胴体一般长15厘米左右，第4对腕较其他腕长。我国主要产区集中在浙江和福建东部的东海渔区。目前由于捕捞过度，资源已严重衰竭。

曼氏无针乌贼

鱿鱼

鱿鱼主要是指枪形目（又称管鱿目或鱿目）属下的各类乌贼，已知有数百种之多。

鱿鱼遍布世界各海域，常见种类有枪乌贼、柔鱼、大王乌贼等。

鱿鱼是重要的渔业资源，多数种类有较高的经济价值。如帆乌贼、武装乌贼、赡乌贼、鳞甲乌贼、爪乌贼、小头乌贼等。

一家之言　墨鱼与鱿鱼的民间区别

我国民间习惯上认为体内有钙化的扁平船形俗称"海螵蛸"(piāo xiāo)的叫墨鱼，只有一细长角质层背壁的叫鱿鱼。

枪乌贼。它是枪乌贼科中50多种头足类软体动物的统称，因躯干末端形状很尖，如冷兵器的枪头而得名。

枪乌贼分布于南北纬40°之间的热带和温带海域，喜欢栖息在水清流缓、底质粗硬的岛礁周边。常见的捕捞种类有中国枪乌贼、日本枪乌贼、剑尖枪乌贼、福氏枪乌贼、皮氏枪乌贼、莱氏拟乌贼等。

柔鱼。柔鱼大约有30种，分布于温带、寒带和热带海域的中上层水中，我国大连一带出产的种类是太平洋褶柔鱼。

太平洋褶柔鱼又称太平洋柔鱼，在台湾称为"北鱿"，肉质较粗，口感不如鱿鱼的其他种类好，但数量大，产量高，是很有开发潜力的渔业资源之一。

大王乌贼。是目前已知最大型的软体动物之一，人们通常谈到的巨型章鱼或巨型乌贼，实际上就是大王乌贼。

大王乌贼通常栖息在深海地区，主要产于北大西洋和北太平洋。据说最大体长达20米，重量超过2吨。它的性情极为凶猛，以鱼类和无脊椎动物为食，敢于与其天敌——巨鲸较量。

中国枪乌贼

太平洋褶柔鱼

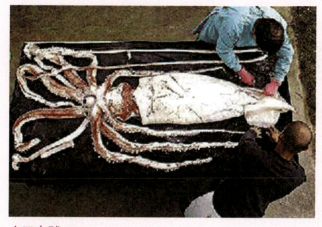
大王乌贼

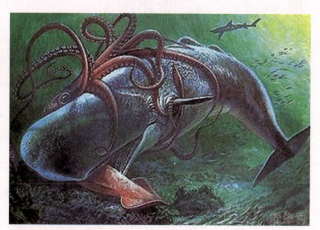
大王乌贼战巨鲸（模拟画）

本节小结

章鱼和墨鱼是软体动物中的一个特殊群体，具有较高的智力和较强壮的体格，位居无脊椎动物的顶端。

练习与思考

曾是我国"四大海产品"之一的软体动物是（　　　）。

A. 中国枪乌贼　　　B. 曼氏无针乌贼　　　C. 长蛸　　　D. 短蛸

第七章　盔甲坚硬　武器锐利

　　本章涉及海洋节肢动物甲壳纲的虾和蟹以及肢口纲的鲎。它们绝大多数可以食用，是人类最常见也是最具经济价值的海洋动物。

　　节肢动物又称"节足动物"，是动物界中种类最多的一门，目前记录在案的种类约90万种。对于节肢动物的分类，学者间有很大的分歧：有将现存种类分为二亚门六纲的，有将节肢动物门分为4个亚门19纲者，还有将节肢动物门分为5亚门20纲的。

　　有志于动物分类学的人们，在这里还是可以大有作为的。

虾蛄

馒头蟹

寄居蟹

招潮蟹

第一节　驼背的虾

【纲举目张】

　　虾类是节肢动物门、甲壳纲、十足目、游泳亚目动物的通称，全世界约有3000种，多数生长在海洋中。

　　虾类是节肢动物门、甲壳纲、十足目、游泳亚目动物的通称。全世界约有3000种，多数生长在海洋。淡水中虾也是常见的水生生物，但种类较少。

鼓虾

白虾

南极磷虾

在我国，虾类包含了游泳亚目的全部种类和爬行亚目的部分种类。在欧洲和美洲，虾类并不包括爬行亚目中的种类。

虾类的大部分是肉食性的，也有以滤食浮游生物或有机碎屑为食的。

虾类生长过程中会不断蜕皮，在蜕去旧壳后、新壳尚未硬化前身体必须迅速增大。有的虾如龙虾类一生可能要蜕皮10来次。

虾类的寿命因种类而异。短命的仅1～2年，如对虾类；长寿的可达一二十年，据说螯龙虾属有达四五十年的。

虾类有较高的营养价值，并且肉味鲜美，是人类餐桌上的美味佳肴，有菜中之"甘草"的美称。在虾类捕捞和人工养殖中，经济价值较高的虾类有对虾科和樱虾科的大多数属种及褐虾科、长额虾科、藻虾科和鼓虾科的少数属种。

对虾

对虾属是对虾总科对虾科的1属，栖于热带、亚热带浅海。全世界共有28种，我国有10种。

中国对虾。中国对虾是对虾属中最特殊的一种，因我国北方常成对出售，故俗称对虾。

中国对虾个体较大，民间通称大虾，又叫明虾或青虾（雌）、黄虾（雄）。雌性较大，作者曾见过半斤（250克）一只的个体；雄性虽然较小，仍然有30～50克重。

中国对虾分布于亚热带海域的边缘区，即黄海、渤海海区，东海和南海也有少量分布。

中国对虾属于洄游型虾，有长距离洄游习性，常作大范围的移动和洄游。中国对虾具有较强的环境适应能力，在低于10℃和高于30℃的温度条件下，尚能生存。每年5月前后，对虾都要回到黄海和渤海海区繁殖产卵，秋末集结洄游到黄海南部较深水域越冬，洄游前大量成群，形成渔汛期，是海洋捕捞最佳时段。

日本对虾。又叫花虾、竹节虾、花尾虾、斑节虾、车虾。日本对虾体被蓝褐色横斑花纹，尾尖为鲜艳的蓝色。日本北海道以南、东南亚、澳大利亚北部、非洲东部及红海等均有分布。在我国主要产于渤海、黄海海域。

中国对虾

日本对虾

日本对虾栖息于水深10～40米的海域，喜欢栖息于沙泥底，具有较强的潜沙特性，白天潜伏在深度3厘米左右的沙底内，少活动，夜间频繁活动并进行索饵。觅食时常缓游于水的下层，有时也游向中上层。特征为有细小锯齿位于其头上方，向前突出的长刺上在两眼间刺状突出。有蓝色的横斑花纹，附肢黄色，尾部呈鲜黄带蓝。壳薄而硬，肉质厚实。

毛虾

毛虾属是樱虾总科樱虾科的一属。世界共有17个种和亚种，我国已知的有6种。

毛虾为小型浮游虾类，体长一般在5厘米以内，甲壳薄，体透明，稍带红色点，体躯极度侧扁。主要产于印度西太平洋暖水区。毛虾生长成熟快、生命周期短、繁殖能力强，在海洋渔业中有着十分重要的经济价值。

中国毛虾。我国特有种类，辽宁、山东、河北、江苏、浙江、福建沿海均有分布，其中以渤海沿岸产量最多。

中国毛虾俗称毛虾、红毛虾、虾米、虾皮、水虾、小白虾、苗虾等。喜栖息于近岸水质较肥的泥沙底质浅海区，食物链短，生长成熟快，一年能繁殖两代，是鱼类、蟹类的主要天然饵料，是"大鱼吃小鱼、小鱼吃虾米"的最好写照。福建省南起诏安，北至沙埕的沿岸、河口和内湾水深5～25米一带海区，是毛虾的一个重要繁殖场所。每年1—4月和11—12月是捕捞毛虾的渔汛期。

闽南一带通常将捕捞上来的毛虾用开水烫过晒干，做成"虾米"，煮菜烧汤，加入少许，风味独特，营养丰富。

鹰爪虾。因其腹部弯曲、形如鹰爪而得名，出肉率高，肉味鲜美，是一种中型经济虾类。主要分布于东海、黄海及渤海，威海、烟台海域是高产海区。

地方名有鸡爪虾、厚壳虾、红虾、立虾、厚虾、硬枪虾、沙虾。鹰爪虾体较粗短，甲壳很厚，表面粗糙不平。体长6～10厘米，体重4～5克。体红黄色，弯曲时颜色的浓淡与鸟爪相似。

毛虾（干货）

鹰爪虾

鹰爪虾喜欢栖息在近海泥沙海底，昼伏夜出。鹰爪虾是加工虾米的主要原料，经过煮熟晾晒去壳后便是颇负盛名的"金钩海米"。

龙虾

龙虾是世界上最大的虾。体形呈圆筒状，背腹稍平扁短小，头胸甲发达，坚厚多棘，色彩斑斓。全世界龙虾超过400种，其中北美洲最多，有300多种。我国已发现8种，以中国龙虾产量较大。

龙虾，民间又称大虾、龙头虾、龙虾虎、虾魁、海虾等，属于十足目龙虾科属爬行类动物。龙虾主要分布于热带海域，以植物碎屑、动物尸体以及水蚯蚓、摇蚊幼虫、小型甲壳类及一些水生昆虫为食。喜栖息于水草、树枝、石隙等隐蔽物中。喜爬行，不擅游泳；不喜强光，昼伏夜出，常在浅水边爬行觅食和寻偶。体长多在20～40厘米之间，重约0.5千克上下，最重的能达到5千克以上，是名贵的海产品。

眼斑龙虾

岩龙虾

龙虾生性好斗，在食物不足或争栖息洞穴时，往往以大欺小，以强凌弱。幼体的再生能力强，损失部分在第2次蜕皮时再生一部分，几次蜕皮后就会恢复，不过新生的部分比原先的要短小。这种自切与再生行为是一种保护性的适应。

龙虾还是掘洞高手。大多数龙虾洞穴的深度都超过50厘米，有的达到1～2米。

中国龙虾

中国龙虾产于南海和东海南部及台湾省沿海，生活于水深40～70米的浅海，多栖息于礁石隙缝、乱石堆等处。这些龙虾的体长可达30～45厘米（不算触角），其最高体重可达5千克。

中国龙虾

虾蛄

虾蛄属于节肢动物门、甲壳动物亚门、软甲纲、掠虾亚纲、口足目，有深虾蛄总科、指虾蛄总科、虾蛄总科和琴虾蛄总科4个科，现存300余种。

学名叫"虾蛄"，又叫爬虾，俗称皮皮虾、虾耙子、虾公驼子、琵琶虾、螳螂虾、虾钩弹、虾球弹、虾拔弹、虾壳子、虾爬子。掠虾亚纲中仅有口足目，其中除全为化石种类的古虾蛄科外，现生种分4个总科：深虾蛄总科、指虾蛄总科、虾蛄总科和琴虾蛄总科，全为海生。

虾蛄绝大多数种类生活于热带和亚热带，少数见于温带。中国沿海均有，南海种类最多，已发现80余种。

虾蛄分布范围极广，从俄罗斯的大彼得海湾到日本及中国沿海、菲律宾、马来半岛、夏威夷群岛均有分布。

虾蛄是沿海近岸性品种，虾蛄喜栖于浅水泥沙或礁石裂缝内。

虾蛄因其肉质鲜美，营养丰富，备受人们喜爱，是人们餐桌上的美味佳肴。它还有药用价值，能治小儿尿疾，因此又称为濑尿虾。

本节小结

虾类是重要的海洋渔业资源，全世界有3000多种。常见的种类有对虾、龙虾、毛虾、虾蛄等。

练习与思考

想一想，你吃过或见过哪些本节叙述种类的虾，说说其中的故事。

第二节 横行的蟹

　　蟹是节肢动物门、甲壳纲、十足目、爬行亚目、短尾次目的通称，分为尖口、尖额、短额、绵蟹、黄道蟹、古短尾6大类，已知的蟹约4700种。在我国，具有较大食用与经济价值的蟹类，主要集中在梭子蟹科的种类上。

横行不是为了霸道

　　蟹类大部分生长在海洋，遍布热带、亚热温带的浅海区。和虾类等其他海洋十足目动物相较，蟹在生理结构上有3个突出的特点。

　　首先是横着走，俨然是个横行霸道的家伙。

　　据说螃蟹是一种古老的洄游性动物，内耳有定向小磁体，依靠地磁场来判断方向。在地球形成后的漫长岁月里，地磁南北极曾经发生过多次倒转，导致螃蟹体内的小磁体失去了定向的功能。为了能在地磁场倒转中生存下来，螃蟹只好采取不进不退横着走的策略。

　　其次是第一对胸足特化为强壮有力的螯足，成为进攻和防卫的利器，铁钳之下，无坚不摧。

　　许多蟹类以肉食为主，但身披重装甲，移动速度有限。因此，除了鱼、虾之外，行动缓慢躲藏在坚固城墙内的软体动物特别是双壳纲贝类，成了蟹类攻击的首选。在这场攻防竞赛中，貌似坚固的贝壳在蟹钳面前就壁垒不坚了。

　　最后是为了生存夹紧尾巴。蟹类尾部卷曲于胸部下方，像软盔甲一样，护住腹部和肛门。

　　蟹类中有生活在沿海海岸带的，如蛙蟹科、馒头蟹科、玉蟹科、梭子蟹科等；有生活在广阔的潮间带的，如方蟹科、沙蟹科等；还有的能附着在木材或其他漂浮物上的，如漂泊蟹和弓腿蟹等。此外，有些蟹和其他动物共栖，甚至寄居在其他动物体内。

　　蟹的体型相差很多，有一种叫做塔斯马尼亚蟹的，个体重达数千克，小的成体仅长1~2厘米。

拟穴青蟹

锯缘青蟹

榄绿青蟹

紫螯青蟹

海鲜席上品——青蟹

青蟹是人们公认的海鲜上品，属于梭子蟹科、青蟹属。青蟹属又称青蟳属（xún，音寻），包括锯缘青蟹、拟穴青蟹、榄绿青蟹和紫螯青蟹4个不同的种，我国最常见的是前两种。

青蟹因营养丰富、味道鲜美而受到国人的欢迎，民间"一盘蟹顶一桌菜"的说法，是专指青蟹而言的。

青蟹体魄健壮，生命力顽强，出水几天甚至一星期仍可存活。吃青蟹一般要选择鲜活的，已死亡的青蟹不宜食用。

锯缘青蟹。锯缘青蟹是青蟹属中个头最大的，肉质鲜美，营养丰富，兼有滋补强身之功效，被国人视为"海上人参"。

锯缘青蟹广布于印度洋—西太平洋的热带、亚热带海域，包括我国东南沿海、日本、东南亚、夏威夷、澳大利亚、新西兰以及非洲东南部。体型巨大，性情凶猛，喜欢栖息在盐度稍高的大洋性水域，以鱼虾贝类为食。

拟穴青蟹。又名正蟳，因擅长挖掘深洞而得名。拟穴青蟹生长快、适应性强，是我国青蟹的优势种和人工养殖的主要品种。

拟穴青蟹比锯缘青蟹体型小，是温暖海区沿岸生活的蟹类，多栖息于内湾的潮间带、红树林下的泥沼中，昼伏夜出。以缢蛏、泥蚶、牡蛎、青蛤、花蛤等，或小虾蟹、藤壶等软体动物为主食，饥饿时也会同类相残。

榄绿青蟹。又名红脚蟳，因螯足呈橘红色而得名。

榄绿青蟹体型较圆，额缘齿也低。主要产于东南亚，我国主要分布在南方海域。

紫螯青蟹。又名紫泥蟳，因螯足呈紫褐色而得名，盛产于东南亚和我国南海海域。

【拓展阅读】

市面上的青蟹，有"菜蟳""肉蟹""红蟳""膏蟹"等令人眼花缭乱的名目，每个名目的指向也因地区、语言、习惯不同而产生差异。现将大体原则简述如下：

交配后一个月左右的雌蟹，卵巢成熟饱满，叫"红蟳"或"膏蟹"，其肉厚实细嫩，蟹黄饱满甘香，是青蟹价值的顶峰。

未交配的雌蟹叫"幼母"，受精后的雌蟹称为"空母"，和肥壮的成熟雄蟹统称"菜蟳"，又叫"肉蟹"，体肉厚实，价格其次。

交配多次的雄蟹叫"骚公"或"木公""柴公"，腹面有火烧纹痕迹，肉质松软，腥味十足。

腹部抱卵的雌蟹称为"摊花"，此时雌蟹精华泄尽，肉少体空。

肉少质差的瘦蟹统称"冇蟹"（冇，mǎo，有的反义词），包括"柴公""摊花"等，其价值与鸡肋一般。

经济盘中餐——梭子蟹

这里所说的梭子蟹专指梭子蟹科、梭子蟹属的品种，常见的种类有三疣梭子蟹、红星梭子蟹、远海梭子蟹、银光梭子蟹、拥剑梭子蟹等。

三疣梭子蟹。因蟹头胸甲上有3个疣状突而得名，是我国梭子蟹中数量最多，产量最大的一种。

三疣梭子蟹

三疣梭子蟹栖于近岸水深7～100米的软泥、砂泥底石下或水草中。在潮间带低潮线上也可采获少量较小的或中等的个体。我国南北各海域都有分布，舟山群岛、闽台等附近海域是主要产地。

红星梭子蟹。红星梭子蟹又称三点蟹、三眼蟹，因甲壳表面有3个显著的斑点而得名。

红星梭子蟹

红星梭子蟹属于暖水性底层蟹类。分布于整个印度—太平洋暖水区，多见于10～30米深的泥沙质海底。我国的主要产区是福建、广东、广西等沿海地区及台湾岛。

远海梭子蟹。栖息在10～30米水深的砂泥质海底或岩礁中，广泛分布于印度洋及西太平洋，我国的集中产区在南方沿海各省。

银光梭子蟹。背甲颗粒红棕色并且分散，末对步足前节及指节末端各有一个不规则紫色斑块。广泛分布于印度洋—西太平洋区20～60米的砂泥海底。

一家之言　点蟹秘籍

一看蟹壳。凡壳背呈黑绿色，带有亮光，都为肉厚壮实；壳背呈黄色的，大多较瘦弱。

二看肚脐。肚脐凸出来的，一般都膏肥脂满；凹进去的，大多膘体不足。

三看螯足。凡螯足上绒毛丛生，结实饱满；而螯足无绒毛，则体软无肉。

四看活力。将螃蟹翻转身来，腹部朝天，能迅速用螯足弹转翻回的，活力强，可保存；不能翻回的，活力差，存放的时间不能长。

五看雄雌。农历八九月里挑雌蟹，九月过后选雄蟹，因为雌雄螃蟹分别在这两个时候性腺成熟，滋味营养最佳。

蟹中之王——巨蟹

巨蟹是蟹类中体形最大的一个群体，已知的超过120种，隶属于蜘蛛蟹科、扇蟹科、石蟹科等科的14个属。代表性种类有阿拉斯加皇帝蟹、日本尖头蟹、巨螯蟹、智利王蟹、挪威巨蟹、皮尤吉特湾王蟹等。

巨蟹也叫帝王蟹或皇帝蟹，是一个比较笼统的概念。它们属于深海蟹类，主要分布在大陆架下数百米深的海底。由于它们的体型巨大、肉质味美，很多物种都被广泛捕捉来作为食物。

阿拉斯加皇帝蟹。物种学名堪察加拟石蟹，属于石蟹科，因产于美国阿拉斯加海域而得名。其中棕色皇帝蟹、红色皇帝蟹、蓝色皇帝蟹3种最具有商业价值。

阿拉斯加皇帝蟹

在阿拉斯加出产的皇帝蟹中，红色皇帝蟹约占七成；蓝色皇帝蟹腿端有显著的黑色，个体大小和红色皇帝蟹相当，市面价格也基本相同；棕色皇帝蟹（又称金色皇帝蟹）个体较小，多在3千克以内。

　　澳洲皇帝蟹。又叫澳洲巨蟹，物种学名巨大拟滨蟹，是蟹类中体形较为庞大的一种，模式种在澳大利亚南部的塔斯马尼亚岛附近海域，美国阿拉斯加附近的阿留申群岛也是重要产区。

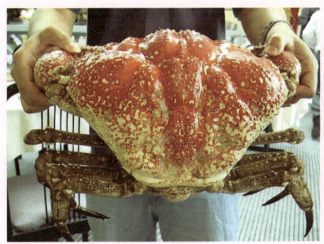

澳洲皇帝蟹

　　澳洲皇帝蟹属于扇蟹科，甲壳坚硬，呈红白色扇形，螯足粗壮，钳指黑色，个体重量在2～5千克。蟹肉结实，味美营养，是澳洲美食之一。

　　巨型蜘蛛蟹。因八条腿特长，体型特大，形似蜘蛛而得名。其代表种类是生活在日本海深海底层的巨螯蟹以及生长于美国阿拉斯加的长脚蜘蛛蟹。

　　蜘蛛蟹有很多种类，归属于若干个亚科，巨型蜘蛛蟹是体型最大的群类。

　　巨螯蟹又称巨型尖头蜘蛛蟹，是目前已知的体型最大的节肢动物，据说两螯伸展时宽度达3～4米，体重超过18千克，会主动攻击人类，故又名杀人蟹。

巨型蜘蛛蟹

杀人蟹体型庞大，动作灵敏，会悄无声息的漂浮在海面上，寻找攻击目标。若发现附近有人，会以极快的速度冲去，用又大又坚硬的螯钳攻击人体，直到人遍体鳞伤力竭而死，然后把人作为美餐，据说近年来已有多位日本渔民和游客命丧黄泉。

有生物学家经过调研认为，杀人蟹原来生活在3600米以下的深海区，个头并不是很大。可能由于近年来日本海受到核废料倾倒的影响，使蜘蛛蟹发生急剧异变，个头不断增大，生性愈加凶残。特别是在其交配产卵期，成群结队向浅海迁徙，从而对人类构成威胁。

本节小结

全世界约有4700种蟹，其中一些种类具有较大的食用与经济价值。

练习与思考

某顾客在大排档点了一道"清蒸螃蟹"，端上来的螃蟹背甲上有3个明显的斑点，这盘蟹的品种最大可能是（　　）。

A. 拟穴青蟹　　　　B. 三疣梭子蟹　　　　C. 红星梭子蟹　　　　D. 帝王蟹

第三节　生物活化石——鲎

【纲举目张】

鲎在生物分类上属于节肢动物门、肢口纲、剑尾目、鲎科，是地球上最古老的动物种类之一，早在5.05亿～4.38亿年前的奥陶纪就已经出现，有"生物活化石"之称。

鲎之属种

现存的鲎有3属4种，即美洲鲎、中国鲎、南方鲎和圆尾鲎。

中国鲎、南方鲎、圆尾鲎同属于鲎亚科，遍布于日本、印度、越南、新加坡、孟加拉、泰国、印度尼西亚等东南亚国家以及我国浙江、福建、台湾、广东、广西、海南、香港等广袤的海域。

鲎的另外一属种是美洲鲎亚科的美洲鲎，主要分布在墨西哥湾和北美洲东岸，在欧洲也偶有发现它的踪影。

我国海域中生存的鲎包括中国鲎、南方鲎、圆尾鲎3种。

鲎在我国民间有诸多的俗称，且因地而异，如海怪、马蹄蟹、鲎、王蟹、六月鲎、爬上灶、两公婆、夫妻鱼、鸳鸯鱼等。

形体特征

鲎由头胸部、腹部和剑尾三部分组成，彼此间以关节相连。头胸部宽阔形似马蹄，腹部较小，基本形状宛如一个对半剖开的葫芦。

鲎的腹部外壳呈青色或青褐色，内侧头胸部、腹部和肢足为青棕色或褐色，浑身覆盖硬质甲壳。鲎的尾部是一根很长很锋利的三角形的尾剑，是用来防卫的武器。

【相关链接】

数百年来，鲎的葫芦型外壳，是沿海许多人家日常生活中常用的器具：胸部宽大的外壳常用于打水，故闽南话中称从水缸里舀水的器物为"鲎壳"；腹部较小一节用于打饭，故闽南话中称从锅里舀饭的器物为"鲎勺"。

抗战时期日本鬼子"三八大盖"的刺刀，闽南人称为"鲎尾刀"，说明其基本思路可能是仿鲎的尾剑而来的。

南方鲎

圆尾鲎

鲎的辨别

在上述4种鲎中，中国鲎最大，雄、雌个体分别可长到50厘米和60厘米以上；圆尾鲎个体最小，大约是中国鲎的一半，即30厘米左右；南方鲎居中，介于两者之间，雄性个体在35厘米左右，雌个体在45厘米上下；美洲鲎的大小形状和南方鲎十分接近。

中国鲎

中国鲎背面有明显的起伏，表面有许多小而坚固的小刺，最重要的是腹部边缘有三根突起的刺，所以有"三刺鲎"这一别名。

南方鲎和美洲鲎背面平滑，没有中国鲎那样的坚固小刺。腹部两侧边缘各有六对缘刺，不同的是南方鲎头胸甲隆起较低，周缘呈圆弧形；美洲鲎头胸甲呈碗形隆起，周缘呈马蹄形体。

圆尾鲎腹甲后端背面正中有小隆起，腹部两侧边缘的缘刺完全退化呈齿状，很容易和鲎的其他种类相区别。

生物学特性

鲎类为暖水性的海洋底栖动物，与陆生动物蝎子、蜘蛛有亲缘关系。喜欢栖息在沙质底的浅海区，港湾曲折的地形和较为平静的水域是鲎类最为理想的栖息地。

鲎是软壳蟹类的天敌，在浅海区丰富的植物群下，聚居着种类和数量繁多的小型甲壳类、软体类、环节类动物以及有机碎屑，为鲎类提供了丰富的食物，海滩上的沙丘，又是鲎类谈情说爱和生儿育女的

爬上海滩产卵的鲎群

理想场所。夏天，鲎潜居在潮间带的泥滩上，冬季则游回较深的海底冬眠。

鲎类生长缓慢，从卵中孵出到性成熟约需9～15年，期间有多达16次的蜕皮演变，每次蜕皮后体长增加约1/4。成年鲎雌雄个体体型差异较大，雌性肥大，雄性瘦小。雌雄一旦结为夫妻，便形影不离，瘦小的丈夫终日趴伏在肥大的妻子背上，随波逐浪，漂泊翻滚，此时捕鲎，常常提起来便是一对。

此外，鲎的肉、卵均可食用。其壳、尾、卵、肉和血均可入药。

【相关链接】

　　有研究表明，食用鲎对身体健康和生命安全危害极大：

　　鲎肉内含有一种大分子非特异蛋白致敏性物质，吃鲎可引发皮肤过敏性斑疹、红肿和瘙痒，严重时导致过敏性休克或致死性毒性反应，中毒的死亡率较高。

　　鲎的肉质含有大量内环酰胺嘌呤类化学物质。根据现代医学研究表明：嘌呤类物质在体内代谢不完全或蓄积，是导致痛风疾病发生发展的重要原因。

　　鲎血液颜色呈蓝色，是因为鲎血浆的主要成分是血蓝蛋白，含有重金属有机铜。有机铜进入人体后随血液循环主要蓄积在肝和肾脏，对肝、肾功能不全者，可加速肝细胞坏死或肝硬化的发生发展和引发肾衰竭、氨中毒等并发症，还可引发人体造血机能障碍和影响幼儿神经系统的正常发育等。

不可食用的鲎

"鲎"继有人

　　中国鲎、南方鲎、圆尾鲎习惯上统称为中华鲎，是《中国物种红色名录》的濒危或易危级别的重点保护动物。

　　破坏因素。最近20年，我国沿海鲎资源遭到了毁灭性的破坏，主要原因有如下3点。

　　栖息地遭到严重的压缩和破坏。

　　鲎一般生活在深海区，每年6—8月回到沙滩上产卵，对沙滩的沙质和温度等自然环境都有很高的要求。由于沿海填海造地等各类开发建设，鲎类栖息地所剩无几，生存环境日益危急，如再不被重视，

【相关链接】
我国鲎资源警钟响起

　　20世纪60年代，我国的鲎资源仍很丰富。据不完全统计，当时福建省的鲎每年有几百万对，广西北部湾、北海有几千万对上岸产卵。到2010年前后，南海的鲎数量急剧减少，仅在广西北部湾、海南岛还有较大数量的鲎，但北部湾的鲎也在减少。福建已主要局限于平潭、东山、厦门等少数海域，栖息面积大为缩小，种群数量锐减。

恢复就绝不可能。日本，就曾经有此教训，迄今后悔不迭。

许多鲎类被人们当成盘中餐，成千上万的中华鲎被捕捞，运销全国各地，导致资源严重减少。

鲎试剂利用的研究和发展，给鲎资源带来了灭顶之灾。鲎的血液是蓝色的，含有铜离子，从这种蓝色血液中提取的"鲎试剂"，大量用于临床、制药和食品工业中。

你知道吗

鲎试剂

"鲎试剂"是鲎蓝色血液的提取物，可以准确、快速地检测人体内部组织是否因细菌感染而致病；在制药和食品工业中，可用它对毒素污染进行监测。

保护措施。从20世纪末起，中华鲎的保护已经得到一些沿海省市政府和职能部门的重视。

早在2001年，时任福建省省长的习近平，在福建海洋渔业工作会议上指出："中华鲎是一种极具学术和医药价值的古生物，平潭是我国重要的产鲎区。面对鲎资源日益衰竭的今天，应尽快采取措施抢救平潭鲎资源，建立鲎保护区。"

设置自然保护区。如广东汕头、揭阳、湛江等市都建立了中华鲎保护区。福建平潭、厦门的保护区也在积极推进中。

汕头市设立了潮南区田心湾南方鲎自然保护区、南澳平屿西南侧海域南方鲎自然保护区；揭阳市设立了海龟、鲎自然保护区；湛江市设立了遂溪中国鲎自然保护区。

合理使用鲎制剂，对利用鲎资源作出明文规定。

中华鲎

由海洋渔业部门统一发放鲎试剂生产厂家捕鲎、抽血许可证；鲎资源试剂厂必须在海边建立抽血基地，以减少鲎因运输造成的死亡；建立限量抽血制度，并在现场设立监管机制。

加紧开展鲎的人工繁殖复育技术。

台湾的鲎保育研究走在国际前沿，值得大陆学习借鉴。

本节小结

鲎是地球上最古老的动物种类之一，现仅存4种，有"海洋大熊猫"之称。

练习与思考

人们习惯上统称的中华鲎不包括（   ）。

    A.中国鲎   B.南方鲎   C.圆尾鲎   D.美洲鲎

第三篇
海咸河淡，鳞潜羽翔

本篇讲述生活在海洋中或主要依赖海洋生存的脊椎动物。

脊椎动物又称有头动物，早在5亿3000万年前就已经出现在地球上，是动物中最主要的也是最高级的一个群体，它们的背神经管进化成脑和脊髓，出现了嗅、视、听等集中的感官。

脊椎动物分为圆口、软骨鱼、硬骨鱼、两栖、爬行、鸟类和哺乳动物七大类，最主要和常见的包括鱼类、鸟类和海兽。

第八章　强壮的软骨头

软骨鱼是现存鱼类中最低级但却是高度发达的类群，体内骨骼全为软骨，没有任何真骨组织，它们是海洋世界里一群让其他生物避让三舍的"强壮的软骨头"。

软骨鱼分为"板鳃"和"全头"两个亚纲，板鳃亚纲主要分为鲨和鳐两大类，银鲛则是全头亚纲仅存的硕果。目前已知的软骨鱼分为13目49科158属830多种，我国有13目40科90属约200余种。

第一节　凶恶残忍的海洋"猎手"——鲨类鱼

【纲举目张】

鲨类鱼指的是软骨鱼纲、板鳃亚纲中的鲨类群体，生物分类学上称鲨形总目，又因为这个群体的鳃裂开口都在头部两侧，所以也叫侧孔总目。包括虎鲨、六鳃鲨、鼠鲨、角鲨、锯鲨等8个目25科约380多种，我国海域中约有130多种，此外还有许多化石种类。

言之凿凿，"鲨"有介事

鲨鱼是软骨鱼进化中富有代表性的一类，在地球上经历了超过4亿年的岁月，它们的身体结构在近1亿年来几乎没有发生改变，从沿岸浅海到深海、大洋都有鲨鱼的踪影。

早在1亿年前，鲨鱼就已经进化成今天的模样：纺锤形体型使得它们具有非凡的速度，加上强壮的体格、敏捷的反应和锋利的牙齿，为它们赢得了"海洋猎手"的美誉，在海洋生物中几乎没有敌手。

研究证实，鲨鱼可嗅数千米外的受伤海洋动物或人的血腥味；蓝鲨的游泳速度可以达到40千米每小时，在这样快速的攻击下，所有猎物逃脱的机会实在是渺茫得很。

鲨鱼是现存的体型较大的脊椎动物之一，身型最大的种类是鲸鲨。

在现存的动物中体型最大的首推鲸鱼，其次就是鲨鱼了。鲨鱼的体型相差悬殊，侏儒角鲨不过数寸，放在掌上绰绰有余；鲸鲨是海中鲨鱼的老大，有身长接近20米，重达一二十吨者。

鲨鱼是海洋中最凶猛的动物，鱼类、海龟、鲸、海狮和海豹等海洋生物都是其捕食的对象。

鲨鱼的捕食习性主要有掠食性和滤食性两种：鲸鲨、姥鲨、巨口鲨等属于滤食性鲨鱼；白鲨、鼠鲨（又称鲭鲨、食人鲨、白死鲨）、虎鲨和公牛鲨等为掠食性鲨鱼，它们有可能攻击在海水中活动的人类。

滤食性鲨类张开大口，吸入海水，滤食被吸进来的小鱼小虾、乌贼或其他浮游生物。

掠食性鲨鱼通常具有尖锐的牙齿，较快的速度和敏捷的身手，采取偷袭或短距离追捕等方式捕食鱼类、乌贼、海鸟以及海洋哺乳动物，人们之所以对鲨鱼怀有恐惧，就是这类"恶棍"坏了鲨鱼的名声。

鲸鲨

鲨鱼

狭纹虎鲨

宽纹虎鲨

125

【相关链接】
有意还是误会?

其实多数种类的鲨鱼对人类是没有威胁的,人类不是鲨鱼攻击的主要目标,因为人类无法为鲨鱼提供大量脂肪。据研究,大概只有30种鲨鱼会主动攻击人,具有一定危险性。在大部分有案可查的袭击事件中,鲨鱼在咬住受害者的几秒钟后,就会自然松口,独自离去,反复进行攻击的情况是很罕见的。

锤头鲨

鲨鱼只是错误地以为某个人是它通常所吃的某种动物。在遭到攻击的受害者中,很多是冲浪运动员或正在玩趴板冲浪的人。在水下游动的鲨鱼看到一个大致呈椭圆形的物体,而且这个物体的手脚还在划水,这看起来与海狮或海龟颇为相似。

鱼"翅"在喉,不吐不快

鲨鱼处于海洋生态系统金字塔顶端,最大的天敌是人类。具有一定经济价值的鲨鱼是海洋渔业的一个重要资源。在东亚地区,鲨鱼捕猎及鱼翅贸易形成了一个庞大的产业链。

日本是全球捕鲨产业第一大国,仅2009年一年,其捕鲨业中心气仙沼市就总共捕杀了约31500吨鲨鱼。

【相关链接】
身价引来杀身之祸

鲨鱼肝含油量很高,是制作鱼肝油的良好原料;从鲨鱼脂肪榨取的鱼油,在生活、医药、工业等方面具有广泛的用途。

鲨鱼肉可以食用,"鱼唇""鱼骨"和"鱼信"均采自鲨鱼身躯的不同部位;鲨鱼皮可以制成多种皮革制品。

"鱼翅"被认为是名贵食品,用鲨鱼的鳍制成,主要种类来自蓝鲨和青鲨。鱼翅的需求导致人们大量捕杀鲨鱼,对海洋生态平衡产生了巨大的负面影响。

一家之言　鱼翅营养是误传

虽说鱼翅身价不菲，但并非特别有营养。鱼翅的主要营养成分是胶原蛋白，和猪蹄、鸡皮等相差无几。此外，鱼翅的口感也很一般，没什么特别的香味，和吃粉丝差不多。和其他食品相比较，食用鱼翅，除了体现所谓"高端"外，并没有什么特别的益处。

大量捕杀鲨鱼，势必导致大量中小型鱼类因失去天敌而数量暴增，从而严重打乱整个海洋生态平衡。

据美国《科学》杂志统计，现在有110种鲨鱼正处在濒临灭绝的边缘，如果不控制市场对鱼翅的需求，在未来10年内，某些鲨鱼种群将彻底消失，进而导致某些鲨鱼物种整体灭绝，而作为海洋生物链顶端的重要构成，鲨鱼物种的重大变化对于整个海洋生态平衡的影响是巨大的。

鲨鱼鳍被割下后，躯干扔进大海

【拓展阅读】残忍的鱼翅猎取

由于鲨鱼主要在远洋活动，而鲨鱼皮肉没有太大的经济价值，鱼翅渔业者为了确保船只有更多的空间存放价值更高的鱼翅，在捕获鲨鱼后，仅割下鲨鱼鳍这一部分，然后将鲨鱼的躯干扔进大海。这些失却了鳍和尾的鲨鱼并不会立刻死亡，它们或因失去游弋能力而窒息死亡，或因没有抵抗与逃逸能力被其他生物猎食。那种奄奄一息垂死挣扎的画面实在是惨不忍睹。

【相关链接】拒食鱼翅

由于猎杀鲨鱼对海洋生态平衡的巨大破坏和鱼翅割取过程的极端血腥，拒食鱼翅已成为世界性的风潮。

国际渔业组织正在筹划在大西洋和地中海上禁捕鲨鱼的协议；2011年欧盟全面禁止捕鲨取翅，一些禁止捕鲨的法律已经获得通过；美国最近也通过了护鲨法规，限制在美国注册的渔船和美国领海上的捕鲨行为。

但是在一些地区如亚洲，特别是东亚地区，鲨鱼仍遭到过度捕杀；对公海上的捕猎行为的约束也很少，鲨鱼的禁捕与否仍然存在严重的分歧。

【各抒己见】

中国水产协会：拒食鱼翅是极大浪费

2012年7月20日，"鲨鱼可持续利用会议"在北京举行，主办方是中国水产流通与加工协会，行业代表、专家学者和政府官员出席了这次会议。

会议的目的是什么？会议上透露的消息显示，主办方认为中国传统的鱼翅消费文化受到了国际社会不公正的评价，给广大消费者造成了误解，使中国渔业的国际形象受到了损害。

一些与会专家和业界代表表示，目前中国沿海的鲨鱼捕捞都是兼捕所得，不存在专门把鲨鱼作为主捕鱼的捕捞作业，鲨鱼作为兼捕鱼类，基本保持了种群数量的平衡。从美食文化的角度看，鱼翅消费是中国的传统文化，非但不是对濒危物种的消费，反而是对废弃资源的有效利用，是中国节俭美德的体现。

会议还明确决定，由中国水产流通与加工协会组织相关专家撰写《中国鲨鱼产业白皮书》，"正确应对国际非政府组织的不公平指责，提出科学的、公正的、符合客观实际的鲨鱼产业利用现状及可持续利用建议"。

(http://www.3000dian.com/newsshow_1718.html)

谈谈你对上述观点的看法。

常见鲨鱼，管中窥豹■

凶恶的大白鲨

大白鲨是鼠鲨目、鼠鲨科、噬人鲨属的一种，身影遍布各大洋热带及温带海区，是世界上分布最为广泛的鲨鱼之一，也是海洋中可能攻击人类的体型最大的食肉类鲨鱼。人们对于鲨鱼的认识和对鲨鱼恐惧的联想，几乎都和大白鲨都有直接的关系。

大白鲨体因腹部呈淡白色，背腹体色界限分明而得名。喜欢独来独往，以海豹、海獭、海狮、海豚、鲸鱼和其他鱼类为食。

大白鲨智商高，好奇心强，具有灵敏的视觉和嗅觉，加上有着乌黑的眼睛、血盆大口、锋利的牙齿、敏捷的身手和惊人的力量，在浩瀚的海洋中几乎没有敌手。因在未受刺激的情形下也会主动对游泳者、潜水员、冲浪人，甚至小型船只进行致命的攻击而臭名昭著。

大白鲨

古怪的锯鲨

　　锯鲨是热带和温带海域的底栖鱼类，从沿岸浅海至千米水深处都有分布，我国海域仅有日本锯鲨一种，分布于东海和黄海。锯鲨属于中型海产鱼类，锯鲨的肉可以食用，体长通常为数十厘米，最大个体可超过1米。

日本锯鲨

　　锯鲨因吻尖细长，突出呈剑状，边缘排列着像锯齿一样大小的突起而得名。锯鲨锯状的长吻，主要用以伸进泥土中寻找食物，兼有防御外敌的吓阻作用。

　　现存的锯鲨有2个属7个种类，如：六鳃锯鲨、长鼻锯鲨、热带锯鲨、短鼻锯鲨、东澳大利亚锯鲨、巴哈马锯鲨、菲律宾锯鲨及侏儒锯鲨，是《濒危野生动植物种类国际贸易公约》中的一级保护动物，严格禁止交易。

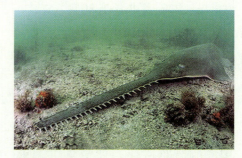

长吻锯鲨

食用的扁鲨

　　扁鲨是扁鲨目扁鲨科的一种，分布于大西洋东北部和南太平洋的海岸水域，我国已发现4种。体长数十厘米到2米不等，体重数千克到数十千克，曾经是很重要的渔业资源。

　　扁鲨因身体平扁而得名，我国海域出产的日本扁鲨，其形如琵琶，故有琵琶鲨之称。扁鲨是伪装高手，着一身与环境颜色近似的"迷彩服"，潜伏海底，以逸待劳，捕捉底栖区的硬骨鱼、鳐科及无脊椎动物。

日本扁鲨

　　自20世纪以来，由于过度的渔猎，扁鲨数量锐减，被国际自然保护联盟列为极危物种。

练习与思考

　　1. 在现存的鲨鱼中，身型最大的种类是（　　）。

　　　　A. 大白鲨　　　　　B. 锯鲨

　　　　C. 扁鲨　　　　　　D. 鲸鲨

　　2. 大量捕杀鲨鱼可能对海洋生态造成什么影响？为什么？

南美扁鲨

第二节　深藏不露的卧底刺客——鳐类鱼

【纲举目张】

鳐（yáo，音摇）类鱼指的是软骨鱼纲、板鳃亚纲中的鳐类群体，生物分类学上称鳐形总目，又因为这个群体的鳃裂开口都在腹部下，所以也叫下孔总目，有4目20科53属400多种，我国海域中约有80种。

卧底三刺客

鳐类鱼分布在全世界大部分的海域中。它们虽然和鲨类鱼源于同一祖先，但却朝着和鲨类鱼相反的道路进化：鲨类鱼以"勇"著称，鳐类鱼以"智"取胜。

在漫长的岁月里，鳐类鱼进化出了适应海底生活的身材和生存手段：扁平的体型，适合于将身体潜藏在海底的沙地里，单色或多色的花点和花纹与背景环境有机融合，令敌手和猎物难以发觉；背部长着一根含有剧毒的利刺，许多海洋生物包括人类被刺扎到都可能造成死亡。

鳐类鱼是偷袭的高手，平时潜伏在沙里，等到二枚贝、螃蟹和虾等猎物接近时，突然发动进攻。它们的牙齿像一排排的石臼，能磨碎任何贝壳、甲壳和其他动物的鳞骨。

魟

人们日常接触的鳐、魟（hóng，音红）和鲼（fèn，音份）都属于鳐类鱼。

一家之言　鳐、魟、鲼的简易鉴别

鳐、魟、鲼都具扁平的身体和细长尾巴，很多种类在外形上都十分相似，渔民们也往往混淆统称。从生活习性上看，鳐和魟比较接近，表现在它们都喜欢潜伏海底，发动突然袭击，鲼的一些种类个头较大，气力非凡，敢于四处游荡觅食；从生物分类学的角度看，鳐是比较独立的群体，魟和鲼有较近的亲缘关系。从外形上看，鲼朝前开的漏斗式的大嘴巴和鳐、魟朝下开的扁平嘴还是容易区别开的。

鳐鱼

全世界有鳐鱼300多种，包括各种锯鳐、鳐、犁头鳐和电鳐，我国有30多种。

鳐鱼分布于世界各海区，大多栖于大陆架内，有些则居于深海，以蟹、虾等底栖小动物和乌贼、鱿鱼等软体动物为食。

孔鳐

斑鳐

鳐鱼具有一定的经济价值。孔鳐、斑鳐、何氏鳐、团扁鳐等，虽肉薄味差，但因其产量大，人们常用以腌制或加工成淡干鱼。早先我国环渤海省份居民喜食的"劳子鱼干"，就是取材于这类鳐鱼。

多数犁头鳐种属如圆犁头鳐、尖犁头鳐等，肉多刺少，柔软可口，是海洋渔业的兼捕性鱼类。

圆犁头鳐

电鳐，因具备发电器官而得名，分双鳍鳐鱼、单鳍鳐鱼和无鳍鳐鱼3类，广泛分布于热带、温带海域。

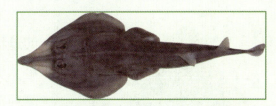
尖犁头鳐

已知的电鳐3科10属约38种。双鳍电鳐15种，单鳍鳐鱼7种。

电鳐习性懒散，行动迟缓，其捕杀猎物的绝技是利用放电将猎物击昏甚至击毙，饱餐之后，又若无其事潜伏在海底泥沙中，耐心等待下次机会的到来。

电鳐是海中"发电王"，头胸部的腹面两侧各有一个肾脏形蜂窝状的发电器。不同品种的电鳐发电能力也不同：一般电鳐一次发电的电压多在70～80伏特之间；据说非洲电鳐发电的电压可以达到200伏特以上，而块头较小的南美电鳐，发电电压仅30～40伏特。

双鳍电鳐

单鳍电鳐

单鳍电鳐

无鳍鳐

【相关链接】
能发电的鱼类

　　世界上有数十种会发电的鱼类，电鳐、电鳗、电鲶位居前三甲。捕获食物和防御敌害是鱼类放电的两大动机。

　　电鳗广泛分布于太平洋区、大西洋、印度洋热带及温带地区水域，代表品种有欧洲电鳗、美洲电鳗等，电鳗的发电器在身体的尾部，能产生的电流足以击昏人和牲畜。

　　现存的电鲶有2000多种，大部分为淡水种。栖息于海洋的电鲶是海鲶科和鳗鲶科的属种。电鲶发电的电极分布在身体皮肤和肌肉之间，可以释放出100～300伏特的电压，5～6米之内都是其有效的攻击半径。

魟鱼

　　魟是软骨鱼纲、板鳃亚纲、鳐形目、魟亚目鱼类群体的通称，我国有20～30种，常见的有六鳃魟、扁魟、条尾魟、尖嘴魟、赤魟、中国魟、燕魟等，其中六鳃魟的多数品种在台湾海峡是首次发现。

　　全世界已知魟鱼约100余种，除了10种左右的河魟生活在南美的淡水中外，其余大多分布于热带和亚热带海区。

六鳃魟

　　魟鱼身体扁平，略呈圆形或菱形，胸鳍发达，尾呈鞭状并带有毒刺。生活在海底，以底栖小型无脊椎或浮游动物为食。魟鱼性情温和，但若遭到踩踏或被激怒，尾部的毒刺就会竖起横扫，人被刺伤会伤口红肿引起发热，重者可能丧命。

　　魟整体经济价值不大，肉腥味较重，鲜食以红烧为宜，也有加工成咸干品的。东南亚一些国家如泰国有利用魟皮制作箱包等日用品的。

扁魟

鲼

鲼是魟的一个分支，身体扁平呈菱形，尾细长，以贝类和小鱼虾为食，分布于热带和亚热带海域。其中块头最大也最有代表性的种类是蝠（fú，音福）鲼。

世界上约有30种鲼，我国有十几种，分布于南海和东海。常见的有无刺鲼、鹞鲼、牛鼻鲼和蝠鲼。

蝠鲼因外形呈菱形平扁

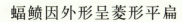
蝠鲼

状，宽大于长，类似于黑夜中飞翔的蝙蝠而得名。

蝠鲼在海洋中已有1亿年历史，是原始鱼类的代表。据说大西洋的前口蝠鲼体宽可达7～8米，体重3～5吨，加上构造怪异、形状吓人，被人称为"水下魔鬼"。

蝠鲼最具特色的就是它的飞跃绝技：能在海中以旋转式的游姿上升，最终跃出水面1.5～2米，以漂亮的空翻完成落水动作，沉闷的巨响伴着四溅的水花，构成"凌空出世"的壮观场面。

蝠鲼属于洄游鱼类，一年四季在热带、亚热带和温带海域中迁徙洄游。蝠鲼达到性成熟需要8～10年的时间，平均寿命30年，繁殖周期较长，很容易被过度捕捞，生态环境保护人士正力促通过有关国际贸易公约，禁止买卖蝠鲼。

本节小结

鳐类鱼包括鳐、魟、鲼3种，是软骨鱼的代表性种类，分布在全世界大部分海域的海底中，有些具有一定的经济价值。

练习与思考

1. 下列对蝠鲼的描述，不正确的是（　　　）。

　A. 因体型类似于飞翔的蝙蝠而得名　　　B. 是体型最大的鱼类

　C. 身怀飞跃绝技　　　D. 被人称为"水下魔鬼"

2. 简述分辨鳐、魟、鲼的方法。

第三节 生相恐怖的"活化石"——银鲛

【纲举目张】

银鲛（jiāo，音交）是银鲛目的统称，属于软骨鱼纲全头亚纲。现存1目3科6属约30种，我国海域已知的有2科4属6种。

深海里的远古鱼类

知道银鲛这种鱼的人并不很多，它是从鲛进化而来的软骨鱼类。银鲛是一种古老的中型鱼类，有"活化石"之称。呈长侧扁形，体长从60～70厘米到1～2米不等，雌鱼比雄鱼大。

银鲛在脊椎动物中属于比较古老的物种，距今2亿～3亿年前已经出现。在亿万年的沧海桑田中，许多鱼类包括银鲛的许多族亲都相继灭绝了，银鲛却幸运地存活了下来。

银鲛主要分布于大西洋和太平洋，生活在数百到数千米的深海处，游泳能力不强，大多在离海底不远处缓慢游动，以贝类、甲壳类和小鱼为食。

银鲛为银灰色或深褐色，背部略呈深灰色，腹部银白色，由于银鲛栖息在深海中，出水即死亡，主要活动时间又是在夜晚，捕获和观察都不容易，人们对其习性的了解还不是很多。

我国渔民大多以底拖网捕获银鲛。其肉可

长吻银鲛

食，卵味鲜美，肝可制鱼肝油，具有一定的经济价值。

一家之言　银鲛"金睛"

据说银鲛长着和其他脊椎动物不同的独特眼睛，使用光线的反射方式来看清周围的物体。能将微弱的光线进行多层叠加，让光线变得更强，从而获得更为清晰的图像。银鲛能在光线微弱的深海中生存而没有被岁月淘汰，可能和它独特的"视野"有必然的联系。

银鲛家族

银鲛。人们通常所说的银鲛指的是银鲛科鱼类，包括银鲛和兔银鲛2属24种。外形特点是吻短，呈圆形或圆锥形。

黑线银鲛

我国银鲛分布在东海和南海海域，其中以黑线银鲛和澳氏银鲛最为常见。

黑线银鲛是我国沿海时常可见的一种中型鱼类，因背的两侧带有纵贯全身的黑色线条而得名。长30~60厘米，重0.25~0.5千克，曾有捕获到1米多长的个例。

黑线银鲛主要分布于日本海和南海、东海、黄海等海域。常栖息于2000米水深的海洋中，以底栖贝类、甲壳类和小鱼为食。在冬季和繁殖季节洄游到近海，此时也是渔业捕捞的最佳季节。黑线银鲛产量较大，具有一定的利用价值。

澳氏银鲛又称奥氏兔银鲛，和黑线银鲛不同属，分布于东印度洋和西南太平洋，属于深海底栖鱼类，栖息在120~350米深度的海域。

澳氏银鲛体侧扁而延长，向后渐细小，体表银灰或银黑色，背鳍的硬棘中空，有毒腺，捕捞时须注意防范。澳氏银鲛属于以小型底栖动物为食的肉食性鱼类，游泳能力差，游动速度缓慢。

我国台湾的东北部和东部海域是澳氏银鲛分布的海域之一，该鱼虽可以食用，但味道腥膻（xīng shān），利用价值一般。

叶吻银鲛。主要分布在东南太平洋与西南大西洋海域，具有一定的利用价值，市面上的某些鱼翅品种，就来自于该科属鱼类。

已知的叶吻银鲛有叶吻银鲛、南非叶吻银鲛、米氏叶吻银鲛3种。叶吻银鲛体长一般在1米以内，栖息在数十到百米左右的海底；南非叶吻银鲛体长超过1米，体重可达5千克，潜居深度300~400米；米氏叶吻银鲛具有海洋洄游习性，体长和南非叶吻银鲛相去不远，但栖息的深度要浅一些。

长吻银鲛。全世界有3属7种，主要分布于西非和加勒比海南部。

长吻银鲛长相怪异，模样丑陋，它的吻延长尖突，好像接连生长的两个头，有人把它列为世界十大最恐怖动物之一。

我国有长吻银鲛2属2种，即太平洋长吻银鲛和尖吻银鲛，主要产于南海和台湾附近海域。

太平洋长吻银鲛俗称黑翅沙、太平洋长鼻银鲛，分布于大洋洲、亚洲及非洲的部分地区。太平洋长吻银鲛属于深海底栖鱼类，栖息在300～1200米的海底中，以小型底栖动物为食，由于栖息地较深，平常很少见到，人们对它们的生态习性还不清楚。渔民在底拖网捕获后一般当杂鱼处理，经济价值不高。

【拓展阅读】
远古银鲛

如今人们通过对远古化石的研究得知，在4亿～1亿多年前，地球上就活跃着众多的银鲛种属。在人们发现的化石中，有单疣齿鲛、壳齿鲛、银鲛、颊甲鲛、多棘鲛和似鲛。在漫长的桑海巨变中银鲛的许多族亲都相继灭绝，今天人们见到的银鲛是仅存的一目。

太平洋长吻银鲛

远古银鲛

本节小结

银鲛是一种古老的中型鱼类，主要生活在海洋的深处，因长相怪异模样丑陋而闻名。某些银鲛种类具有一定的渔业价值。

练习与思考

我国沿海中最常见的银鲛种类是（　　）。

A. 长吻银鲛　　　B. 尖吻银鲛　　　C. 黑线银鲛　　　D. 澳氏银鲛

第九章　硬骨铮铮　鳞光闪闪

硬骨鱼是硬骨鱼纲的简称，是现在海洋中最繁盛、最高级的鱼类。体内骨骼钙化，头部常被有膜骨，体表带有硬鳞或骨鳞。

全世界已知的硬骨鱼类有420科、3800余属、18000余种，其中海洋鱼类约有12000种。中国海洋硬骨鱼类有 197科、780属、1825种。

海洋生物分类学通常将硬骨鱼分为内鼻孔亚纲和辐鳍亚纲2个亚纲。为便于学习，我们按照鱼雷型、箭型、侧扁型、带型、特殊体型5种鱼类体型特征分别进行介绍。

第一节　游泳健将——纺锤型鱼类

【纲举目张】

纺锤型是鱼类的标准体型，人们平时最常见到也是最容易联想到的鱼类，就是这个模样。

流体力学的杰作

纺锤型鱼类也称基本型，又称鱼雷型，多数生活于水域的中上层，大部分有长距离洄游的习性。它们的体型在漫长的岁月中形成了适合于快速和长距离游泳的进化。

纺锤型鱼类身体中部较大，头尾稍尖；头尾轴最长，背腹轴较短，左右轴最短，这样的形状和结构，称得上是适合于高速游泳的专门设计。

纺锤型鱼类

纺锤体型是流体力学的杰作，加上光滑的身体表面、细小致密的鳞片以及润滑体液，游动起来阻力小，速度快，适合于在水中迅速地追捕食物和灵活地逃避敌害。金枪鱼、黄花鱼、鲱鱼、鲈鱼，都属于这一类型。

纺锤型鱼类以耗费最小的能量获得较大的游泳速度，在仿生学中具有积极的意义。人类模仿它们的体型，设计制造各种舰船。军事上高速鱼雷和潜艇采用了纺锤型的剖面，可以极大地提高航速。

你知道吗

什么是仿生学

仿生学是一门以模仿生物的特殊本领，利用生物的结构和功能原理来研制机械或各种新技术的科学技术。

常见的纺锤型鱼类

鲭（qīng）鱼。鲈形目的一科，是一种很常见的重要的海洋食用鱼。

鲭鱼科品种很多，如太平洋鲭鱼、大西洋鲭鱼、美国鲭鱼、波士顿鲭鱼、蓝鲭鱼、竹马鲛鱼、日本鲐鱼等。这些俗称直接反映了鲭鱼的分布范围包括太平洋、大西洋沿岸的广袤的海域。

鲭鱼鱼身细长，有一尺多一点（30～50厘米），重1～2千克。它们主要靠吞噬浮游生物、贝类的幼虫、小鱼以及蠕虫、鲟鱼、鳕鱼和鲱鱼所产的卵为食。其本身又是鲸鱼、鲨鱼、海豚、金枪鱼和海鸟的重要食物来源。

鲭鱼为远洋洄游性鱼类，游泳力强。在夏季，常结成大群游向近海繁殖。密集的鲭鱼群游弋在水面，绵延数十千米，场面十分壮观。

鲭鱼

鲐（tái）鱼。鲈形目、鲭科的一属。鲐鱼是海洋洄游性鱼类，游泳力强，速度快，是我国海洋渔业重要的经济鱼类之一。

鲐鱼体型粗壮，呈纺锤型，背部青蓝色，伴有不规则深蓝色斑纹，斑纹延伸到侧线下方。

鲐鱼的地方俗称很多，如花池鱼、花巴、花鳁、青砖、青占、花鲱、花生、花仙、鲐巴鱼、青花鱼、油胴鱼、鲭鱼、青条鱼等，闽南通称"巴浪鱼"。

鲐鱼体长一般为20～40厘米、体重150～400克，主要生活在北太平洋西部、朝鲜、日本及俄罗斯远东地区的海域。黄海和东海是我国最主要的鲐鱼产区。鲐鱼生长快、产量高。渔汛为4～7月和9～12月，称春汛和秋汛。

鲐鱼肉质坚实，口感不错，价格低廉，属于平民百姓吃得起的"海鲜"。鲐鱼可以鲜食，但在20多年前冷冻技术不太普遍的

鲐鱼

情况下，腌制的"咸巴浪"是市民餐桌上的常客。据说多食鲐鱼有益于孕妇身体健康并有助于儿童生长发育、提高智力。

鲅（bà）鱼。学名马鲛，有很多种类，常见的有中华马鲛、蓝点马鲛，斑点马鲛，康氏马鲛等，是我国北方主要的经济鱼类之一。

在我国，马鲛的主要渔场是舟山、连云港外海以及山东南部沿海，主要品种为蓝点马鲛。

马鲛体长侧扁，色泽银亮，背上有暗色条纹和黑蓝斑点。口大牙利，性情凶狠，以中上层小鱼为食。

马鲛有燕鱼、板鲅、竹鲛、尖头马加、青箭等俗称。一般长25～50厘米，最长的可达1米，重20千克，大连自然博物馆的"鲅鱼王"标本长达2.5米以上，重量超过130千克。马鲛属暖性上层鱼类，有夏秋季结群洄游的习性。

马鲛肉多刺少、肉质细腻、坚实紧密、味道鲜美、营养丰富。民间"山有鹧鸪獐，海里马鲛枪"的谣传，一语道出了马鲛在海洋渔业中不二的地位。

认识海洋生物

【相关链接】
马鲛种种

中华马鲛。鲈形目、鲭科、马鲛属，俗称中华鲐鲅、中华鲅、青鲅等，是我国海域鲅鱼的代表种类，分布于南海、台湾海峡、东海、黄海等海域。

中华马鲛游泳敏捷，性情凶猛，以鱼类、甲壳类、头足类为食。个体肥大，肉味鲜美。

蓝点马鲛。鲈形目、鲅科、蓝点马鲛属，又名蓝点鲅、鲅鱼、条燕、板鲅、竹鲛、尖头马加、马鲛、青箭。分布于印度尼西亚、印度、马来半岛、澳大利亚以及东海、黄海和渤海。

蓝点马鲛

中华马鲛

斑点马鲛。鲈形目、鲅科、马鲛属，分布于印度洋、西太平洋一带，如日本、中国、印度、马来半岛、印度尼西亚附近海域。在我国主要分布于南海和东海南部。多数个体长为25～50厘米、重300～1000克，最大个体长可达1米、重4.5千克以上。

康氏马鲛。鲈形目、鲭科、马鲛属，俗称康氏鲅、康氏马鲅、马鲛、竹筒鲛，闽南语称土魠鱼、头魠鱼。分布于印度洋北部沿岸、红海、东至澳大利亚、北至日本、朝鲜以及中国南海、台湾海峡、东海南部等海域。康氏马鲅个体较大，体长可达2米以上，是大中型食用经济鱼类，为我国《水产资源繁殖保护条例》中规定的重点保护对象。

竹荚鱼。分为北太平洋西部竹荚鱼、大西洋竹荚鱼和东南太平洋竹荚鱼三大支群，南海、东海、黄海、渤海渔获的属于北太平洋西部竹荚鱼。

竹荚鱼具有较高的经济价值，是当今世界主捕鱼种之一，除了冷冻鲜食外，罐头、鱼粉、鱼油都是重要的派生产品。

竹荚鱼也称马鲭鱼，为鲈亚目、鲹科鱼类。鱼体粗壮微扁，呈纺锤型，体长20～40厘米、单体重150～400克。竹荚鱼是中上层洄游性鱼类，游泳迅速，喜欢结群聚集，有趋光特性。

竹荚鱼肉含多种不饱和脂肪酸，富含蛋白质和钙、锌、铁、维生素A等，据说多食可以预防高血压、脑中风，是一种经济实惠的海洋鱼类。

竹荚鱼

鲔（wěi）鱼。鲔鱼是一种大型远洋性食用鱼，分布在印度洋、太平洋中部与大西洋中部，属于热带—亚热带大洋性鱼类，和鲭、鲐等近缘，最重要的有鲣、蓝鳍金枪鱼、长鳍金枪鱼、黄鳍金枪鱼等8个品种。

鲔鱼俗称金枪鱼，香港人称为"吞拿鱼"，是从英语"Tuna"的发音转变而来的；澳门人叫"亚冬鱼"，则和葡萄牙语的旧译有关。

鲔鱼体呈纺锤型，较长，粗壮而圆，向后渐细尖而尾基细长。栖息在100～400米水深的海域，鲔鱼是唯一能够长距离快速游动的大型鱼类，时速为30～50千米每小时，瞬间时速可达160千米每小时，比陆地上跑得最快的猎豹速度还要快。金枪鱼的旅行范围可以远达数千千米，能作跨洋环游，被称为"没有国界的鱼类"。

鲣。身长40～70厘米。身体呈纺锤型，为暖水性中上层鱼类。东海、黄海、南海都有分布。其中南海产量最多，是海南岛重要的经济鱼类。个体较大、肉质肥厚，除鲜食外可加工成罐头或干咸品。

以乌贼、螃蟹、鳗鱼、虾等海洋动物为食。

黄鳍金枪鱼。黄鳍金枪鱼分布在三大洋赤道及附近海域，是热带海区的代表种。体长1～3米，体重40～60千克。黄鳍金枪鱼在全球金枪鱼产量中三分天下有其一。

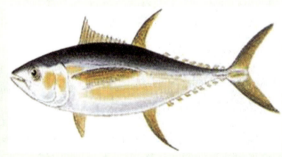

黄鳍金枪鱼

蓝鳍金枪鱼。蓝鳍金枪鱼是金枪鱼类中体型最大的鱼种，体长1～3米，体重达200～400多千克。蓝鳍金枪鱼喜欢成群结队，形成几十甚至上千的鱼群。

蓝鳍金枪鱼是世界上最昂贵的海产品之一。在全球最大金枪鱼交易市场——日本东京筑地（tsukiji）鱼市，一条普通的蓝鳍金枪鱼卖到2万～3万美元。

大眼金枪鱼。俗称副金枪鱼、肥壮金枪鱼，台湾俗名大目仔、大眼鲔。成鱼体长多在1.5～2米之间，重二三十千克。大眼金枪鱼为深水鱼种，栖息在水深数百米的海洋中，以深海性的小鱼、鱿鱼和大型甲壳类为主食。大眼金枪鱼渔获不易，市面价格较高。

长鳍金枪鱼。体背呈深蓝色，侧面及腹侧为银白色，体色均匀。个体较大眼金枪鱼小一些，长1～1.5米，重15千克左右。大的个体可达45千克。长鳍金枪鱼以深水小鱼和甲壳类为食，在海洋渔业中占重要地位。

鲻（zī）鱼。鲻鱼是常见的海产鱼类，分布于热带、亚热带、温带水域。世界上已知的鲻鱼约有70个品种，我国海域有20种左右，从辽宁到广东沿海均有分布。

鲻鱼俗称乌支、普通鲻、大头鲻、九棍、葵龙、

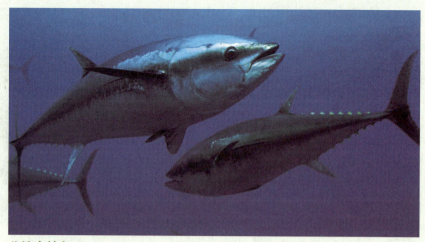

蓝鳍金枪鱼

大眼金枪鱼　　　　　　　　长鳍金枪鱼

【相关链接】
金枪鱼捕捞配额的争议

据日本农林水产省发表的声明，欧盟已同意将金枪鱼的捕捞配额削减20%，由2006年的18301吨减少到14504吨。据日本官员表示，有关削减配额的谈判是非常艰难的，因为各国的配额总量仍然有限。据报道，目前欧盟的金枪鱼捕捞配额为全球之首。

而日本作为世界主要的金枪鱼消费国也同意减少捕捞配额，由2006年的2830吨减少到2010年的2075吨。日本每年要消费全球所捕捞到的近1/4的金枪鱼。拥有43个成员国的大西洋金枪鱼保护国际委员会也宣布将大西洋和地中海的金枪鱼捕捞量在5年内减少7000吨。

全球5大金枪鱼保护组织在日本东京召开会议，就保护金枪鱼的议题进行了广泛讨论，但环保主义者对会议没有通过相关金枪鱼捕捞限额的提案普遍感到失望。

（华夏经纬网）

田鱼、乌头、乌鲻、脂鱼、白眼、丁鱼、黑耳鲻。因鲻鱼体型细长，呈棒槌型，沿海群众又称其为"棰鱼"。

鲻鱼

鲻鱼体延长，前部近圆筒形，后部侧扁，一般体长20～40厘米，体重500～1500克。鲻鱼为广盐性鱼类，在海水、咸淡水中均能正常生活，以挖取泥沙中的微小动植物和其他食物为生，生长迅速，是东海和南海主要港养鱼种。

鲻鱼肉质厚，无细骨，鱼肉香醇而不腻，富含蛋白质、脂肪酸、B族维生素、维生素E、钙、镁、硒等营养元素，是常见海鲜佳肴。

梭鱼。梭鱼俗称红眼鱼、肉棍子，因体型如纺锤（梭）而得名。通体细长，头短而宽，有大鳞。南海、东海、黄海和渤海均有分布。

梭鱼生活在沿海、江河的入海口或者咸水中。性活泼，善跳跃，喜爱群集生活，在逆流中常成群溯游。

梭鱼属于以植物为主的杂食性鱼类，以沉积在底泥表面的底栖藻类和有机碎屑为食，其他如多毛类、软体类和小型虾等也来者不拒。

梭鱼体型较大，最大的梭鱼可以长到近2米长，是黄海、渤海主要港养鱼种。

梭鱼鱼群

本节小结

纺锤型鱼类具有快速游泳和长距离洄游的习性,多数生活于水域的中上层,常见的种类有鲭鱼、鲐鱼、马鲛、金枪鱼等,是最具经济价值的渔业种类。

练习与思考

被称为"没有国界的鱼类"指的是（　　　）。

    A. 鲭鱼　　　　　　B. 鲐鱼　　　　　　C. 鲻鱼　　　　　　D. 鲔鱼

第二节　缝隙急转弯——侧扁型鱼类

【纲举目张】

侧扁型鱼类的特点是头尾轴较短,背腹轴相对延长,而左右轴仍为最短,即变成短而高的侧扁形,这种体型在硬骨鱼类中较普遍,大多生活在中下层水流缓慢和平静的水中。

沟鲹（shēn,音伸）

灰鲳

狭小水面快泳健将

在海洋鱼类中,侧扁型鱼类也是一个较大的群体。在海洋中的珊瑚礁群、近岸的红树林、海草床以及岩石林立的狭小水面,侧扁体型可以满足快速游动又不至于发生碰撞的需要。

侧扁型体型不如纺锤型体型那样流畅,不适宜长距离洄游,所以侧扁型鱼类活动范围相对固定在一定的海域里。在追逐猎物和逃避敌害时,具有瞬间变速和快速转向的优势。此外,侧扁型鱼多数还配备坚强的鳍棘,加上较大的侧轴,天敌要把它一口吞下去极为不易,从而赢得了更大的生存空间和机会。

海洋中典型的侧扁型鱼类有鲳科、革鲀科和鲹科等。

鲳科鱼类

鲳（chāng,音昌）科鱼类属于近海中下层水域鱼类,全世界有3属15种,主要分布在南、北美洲、大西洋非洲沿海和印度—西太平洋等温暖海域。

鲳科鱼类体呈菱型，高而侧扁，头、口小，吻圆钝，背鳍单一，硬棘不发达。喜欢成群结队在阴影下游荡，捕食水母、底栖无脊椎动物和小鱼等。

银鲳、中国鲳是我国各海域最常见的食用鲳科种类，在海洋渔业中具有重要地位。

银鲳。又称昌候鱼、昌鼠、鲳鳊、镜鱼、平鱼，鲳科、鲳属。体短而高，极侧扁，略呈菱型。头较小，吻圆，口小，牙细。成鱼腹鳍消失。尾鳍分叉颇深，下叶较长。体银白色，上部微呈青灰色。以甲壳类等为食。

鲳鱼含有丰富的不饱和脂肪酸，有降低胆固醇的功效，对高血脂、高胆固醇的人来说是一种不错的鱼类食品；鲳鱼含有丰富的镁和微量元素硒，对冠状动脉硬化等心血管疾病有预防作用，并能延缓机体衰老，预防癌症的发生。鲳鱼肉厚、刺少、味佳，营养丰富，是天然营养佳品。

中国鲳。分布于印度—西太平洋热带海域，我国主产区为台湾海峡水域。

中国鲳体侧扁，略呈菱型，口小，鳞片细小易脱落，体色黄褐，无腹鳍，尾鳍凹形。中国鲳属广盐性鱼类，生活于1～10米深的海域，常在沿岸浅水域活动，以水母、浮游动物及小型底栖无脊椎动物为食。

革鲀科鱼类

革鲀科鱼类体侧扁，口小，尾柄细，许多品种条斑多彩，色泽艳丽，是珊瑚礁群中绚丽多姿的一族。

已知的革鲀（tún，音屯）科鱼类有30属100余种，我国有20种左右。常见种类马面鲀，是海洋渔业中产量较高的经济鱼类。

马面鲀。体蓝灰色或蓝绿色，因头形似马而得名。马面鲀虽然长相丑陋，皮粗且厚，但因产量较高，经济效益明显，成为许多海洋渔业公司看家的"珍贵鱼品"。

我国产的马面鲀因其鳍色不同，分为绿鳍马面鲀和黄

银鲳

中国鲳

棘尾前孔鲀

单角革鲀

拟态革鲀

纵带前孔鲀

绿鳍马面鲀

黄鳍马面鲀

黑鲳

金鲳

鳍马面鲀。其体型长椭圆而又侧高，称为面包鱼；其皮粗又厚，又称橡皮鱼、猪鱼。食用时，必须先剥其皮，所以通常又有剥皮鱼的绰号。

马面鲀全身是宝：鱼肉可以制成美味鱼绒，成品优于传统的鱼松。肌肉纤维长，可制成烤鱼片，是色香味佳的小包装方便食品。干烤马面鲀，配以玉兰片、冬菇、油菜，特点是色枣红、味清、鲜、香；还有醋熘马面鲀，配料莴笋、木耳、油菜。成品金红色，味香、焦、酸略甜，都别有风味；马面鲀肝大，可制鱼肝油；鱼骨可做鱼排罐头，头皮内脏可做鱼粉。皮可炼胶，油灰还可代替桐油灰。

鲹科鱼类

鲹科鱼类遍布世界三大洋的热带和亚热带海域，属于海洋中表层洄游性的鱼类。已知的鲹科鱼类在300种以上，我国有20多属60多种，主要集中在台湾附近海域。

一半以上的鲹科种类分布在印度洋—西太平洋热带海区，其次是美洲东西两岸和东大西洋海域。

鲹科鱼类体延长而侧扁，或椭圆型，或卵圆型，或菱型，具备水中运动的体型设计：瘦长的尾柄连接深分叉的尾鳍，可形成强劲的尾力；侧线后段的骨质的棱鳞，具有减少水流阻力的功能。因此，在中型的海水鱼中可以称得上是泳速最快的一群。

鲹科鱼类种类多、数量大、肉质鲜美少刺，许多鱼种体长在60厘米以上，甚至超过1米，在经济性食用鱼中占有重要地位。

沟鲹。俗称黑鳍鲳、黑鲳或乌鲳，属于近海暖水性鱼类，主要捕食小型鱼类、毛虾等。

黑鲳主要分布于印度洋和太平洋，我国各海域均有出产。渔民利用它们的趋光性，在夜晚亮灯诱捕。

黄腊鲳。俗称金鲳，生长在热带和亚热带沿海。

金鲳肉质细嫩，味道鲜美，脂肪含量多，是优质的食用鱼类。由于野生资源日少，近年来人工养殖已呈发展之势。

六带鲹。因幼鱼体侧有5～6条暗色横带而得名。

六带鲹成鱼鱼体一般在60～120厘米，体重从几千克到十几千克不等，夜间主要活动于珊瑚礁附近，白天喜欢成群聚集于断崖处，形成圆柱形的鱼群风暴奇观。

六带鲹鱼群风暴

【拓展阅读】
食人鲳

食人鲳是大家对一类分布于南美洲亚马孙河鱼类的统称，也译做水虎鱼，并非指某一种特定的鱼，而是一个类群，包括近30个种，属脂鲤科中的锯鲑脂鲤亚科，为淡水鱼类。

食人鲳按食性和生活习性不同，可分为植食性和肉食性两种。通常说的食人鲳，指该亚科中的肉食性红腹锯鲑脂鲤。该鱼体长30厘米（不计尾鳍）。主要分布于安第斯山以东至巴西平原的诸河流中。除亚马孙河外，库亚巴河和奥利诺科河也是其主要产地。

练习与思考

1. 侧扁型鱼类主要生活在怎样的海洋环境中？在这样的环境中，侧扁体型有什么优势？

2. 上网查找蝴蝶鱼的资料，用一两句话概括它们的习性和基本体型。

第三节 海底隐身家——平扁型鱼类

【纲举目张】

在平扁型鱼类的3个体轴中，左右轴特别长，背腹轴很短，犹如一片扁平的树叶。在海底表面，这种不对称的体型有着无可比拟的优势。

巧妙的海底隐身术

平扁型鱼类多数行动迟缓，反应相对迟钝，平时潜伏在海底泥沙中，以静制动，以逸待劳。

平扁的体型是为适应海底生活，在漫长的进化中演变而来的生存手段：除了扁平的体型，适合于将身体潜藏在海底的沙地里外，平扁鱼类还具备单色或多色和背景环境有机融合的花点与花纹，令敌手和猎物难以发觉。

平扁型鱼类基本上生活在海洋里，种类繁多，广泛分布于热带或温带的海洋中，我国沿海最常见的平扁型鱼类有软骨鱼中的魟、鳐鱼和民间通称的"比目鱼"。

比目鱼，因这种鱼类的两个眼睛紧挨着头的同一侧而得名，包括鲽（dié，音蝶）、鲆（jiān，音尖）、鳎（tǎ，音塔）3个种群。

比目鱼实际上不是某种单一鱼类，而是硬骨鱼纲鲽形目500多种卵圆形扁平鱼类的统称，因其游动时宛如蝴蝶飞舞，故称鲽形目。

比目鱼（鲽形目鱼类）

鲽鱼

鲽鱼属于夜行性底栖性鱼类，以小鱼、甲壳类和无脊椎动物为食，能随环境改变身体的颜色。

鲽鱼是鱼纲、鲽形目、鲽科和冠鲽科鱼类的总称，全世界大约有90种，其中鲽科约70种，冠鲽科约20种。鲽科鱼类肉质佳，产量大，是重要的经济鱼类；冠鲽科鱼类的经济价值不高。

鲆鱼

鲆（píng，音平）鱼分圆鲆、棘鲆、牙鲆共3科，主要分布于热带及温带海域，我国沿海生产的种类有牙鲆、大菱鲆、花鲆、斑鲆等，其中牙鲆品种是黄海及渤海的名贵鱼类。

鲽鱼

鲆鱼是鱼纲、鲽形目、圆鲆科、棘鲆科、牙鲆科3科鱼类的统称。鲆鱼的眼睛长在身体的左侧。有眼的一侧为暗灰色或有深色斑块，无眼的一侧为白色。鲆鱼长着尖锐的牙齿，在夜间捕食，习性凶猛，素有"海中强盗"之称。

牙鲆。在我国俗称牙片、偏口、比目鱼，全世界大约有110种。有的品种如褐牙鲆体长25～50厘米，体重1.5～2.5千克。肉质细嫩鲜美，具有广阔的市场前景。

鲆鱼

大菱鲆。牙鲆科的一属，此鱼为冷水鱼类，原产于大西洋北部，20世纪末引进我国，现已成为我国北方沿海重要的养殖品种。

大菱鲆

鲆鱼与鲽鱼的辨别

【拓展阅读】
鲆鱼与鲽鱼的辨别

鲆鱼与鲽鱼的辨别方法其实很简单：将鱼体平放，面向鱼腹，头部在身体左侧的是鲆鱼，头部在身体右侧的是鲽鱼。

鳎鱼

鳎鱼

鳎鱼广泛分布于世界各海域，主要栖息地为暖水性海域的泥沙地上，以底栖无脊椎动物及小鱼为食。体色会随环境而改变，是伪装的能手。

鳎鱼有2科约230种，我国约有40种，主要分布在台湾附近海域。身型分为鞋底状和舌状两种。

钩嘴鳎

鳒鱼

现存的鳒鱼仅有2～3种。鳒鱼多生活在暖热的海洋中。我国海域捕捞到的大口鳒，多来自南海和马来群岛、印度洋等海域。

大口鳒

本节小结

平扁型鱼类基本上生活在海洋里，是为适应海底生活的进化结果。比目鱼是平扁型硬骨鱼类中最常见的种类。

练习与思考

辨别鲆鱼和鲽鱼最简单的方法是什么？

第四节　七弯八拐任去留——带型鱼类

【纲举目张】

带型鱼类的身体高度延长为侧扁型，如带鱼、针鱼、鳗鲡等。

带鱼

带鱼因体型扁长如带而得名，属肉食性鱼类，遍布三大洋，从沿岸水表层到数千米的深海，都有不同种类的带鱼存在。

带鱼是鲈形目、带鱼科、带鱼属的总称，在我国不同的地域

带鱼

150

有不同叫法，如白带鱼、白鱼、裙带、肥带、油带、天竺带鱼、高鳍带鱼等。黄海沿岸部分地区（如青岛、日照等）称其为鲗鱼或刀鱼。

世界上共有带鱼30多种，我国有6～7种，在海洋渔业中具有重要地位。

带鱼脊椎骨在100节以上，背鳍与臀鳍很长，并彼此连续看不出分界，无尾鳍，成体长1米左右。牙齿锐长，性情凶猛，以灯笼鱼、鲳鱼等群游性小鱼以及乌贼、甲壳类水生动物为食。为了追逐鱼群，有时会冲上岸边，甚至还会同类相残。

我国带鱼的种类主要有带鱼、小带鱼、沙带鱼和中华拟窄颅带鱼4种。

小带鱼和沙带鱼个体较小，产量较低。中华拟窄颅带鱼因数量很少，尚未成为捕捞对象。唯有带鱼肥嫩味鲜、肉质细腻、富含蛋白质和脂肪，产量也相当可观，是我国四大海产经济鱼类之一。

沙带鱼

带鱼

【相关链接】
中国带鱼

我国是带鱼的故乡，沿海的带鱼习惯上分为两大类，北方带鱼个头较大，南方带鱼小一些。带鱼具有结群排队的特性，北方带鱼在黄海南部越冬，春天游向渤海，形成春季鱼汛，秋天返回越冬地形成秋季鱼汛；南方带鱼则沿东海西部边缘做南北向移动，春季向北作生殖洄游，冬季向南作越冬洄游，因此东海带鱼也有春汛和冬汛之分。

【拓展阅读】
浙江"带鱼王"

1996年3月中旬浙江有一渔民捕到一条长2.1米、重7.8千克的特大个体，这条"带鱼王"后来被温岭市石塘镇小学的生物博物馆收藏。

一家之言 ## 带鱼悲歌

20世纪90年代起，个体经济兴起造成无限制的过度捕捞，带鱼资源已经受到巨大的威胁。因此切实做好禁渔和开展保护渔业资源的宣传教育，控制捕捞量，使带鱼生产保持在一个相对稳定水平，是一个任重而道远的工作。

皇带鱼

　　又名桨鱼，是海洋中最长的硬骨鱼，主要有勒氏皇带鱼和鲱王皇带鱼，遍布于三大洋和地中海，栖息在从数米到上千米深的海域中。

　　皇带鱼属鱼纲、月鱼目、皇带鱼科，通体银光发亮色，腹鳍、背鳍为红色。据说最长的皇带鱼长达15米以上，体重超过400千克。皇带鱼一般在水面上难以见到，欧洲人曾误认为是海蛇，东南亚居民则认为它们是传说中的"龙"。

　　皇带鱼属于肉食性鱼类，它们性情凶猛，捕食能发现的一切海洋动物，并且还有同类自相残杀的行为。

皇带鱼

颌针鱼

　　颌针鱼整体呈带型，身体特别延长纤细，多呈侧扁状，属于热带海域表层洄游性鱼类，以捕食沙丁鱼或银汉鱼等小鱼为食。颌针鱼多半在外海群游，有时也会像飞鱼一样，跃出水面飞行一段距离，活泼擅泳，性情凶猛，常在水上层追捕小鱼。主要分布在印度洋和太平洋西部，我国海域以东海和南海为多，常见的种类有横带扁颌针鱼、黑背圆颌针鱼等。

颌针鱼

颌针鱼，因两颌均延长如针状而得名，又因嘴长得和鸟类的喙相似，故称鹤鱵鱼，是鱼纲、颌针鱼科鱼类的统称。因分类体系不同，也有将颌针鱼和鹤鱵鱼分科叙述的。

已知的颌针鱼有12属约80种，其中个别为淡水种，我国约有20种。

横带扁颌针鱼。属于表层游泳鱼类，常嬉戏于海水与半淡咸水的交汇处，常会因追逐猎物而跳出水面，我国的台海和南海水域均有分布。

横带扁颌针鱼又称扁鹤鱵，是鱵科、扁颌针鱼属的唯一种，俗名鲎鱼、青旗，因体侧具8～14条暗蓝色横带而得名。鱼体细长侧扁呈带型，长1米多，体背翠绿色或暗绿色，骨骼为翠绿色。

黑背圆颌针鱼。体长一般在1米以内。性凶猛，常在水上层追捕小鱼。分布于印度洋和太平洋西部，南海、渤海湾均有发现。

横带扁颌针鱼

黑背圆颌针鱼

尾斑圆颌针鱼

【相关链接】
中国带鱼

前天，吴先生在（厦门）五缘湾五通码头旁海域看到，离岸边数十米远的海面上，突然有一条绿色、尖嘴的"蛇"跃起，足足跃起1米多高。这条"蛇"接连跳跃了七八次，七八分钟后才游走。

事后吴先生细看自己拍下的照片，发现这条"蛇"的头尾两侧居然有2对"翅膀"。难不成，这是变异物种？

厦大海洋与环境学院海洋系教授看过照片后分析：这条"蛇"不是什么变异物种，而是一种名叫颌针鱼的海生鱼；其身体上部为浅绿色，下部为银色。

据介绍，颌针鱼生活在水下，但喜爱跳出水面。它的"翅膀"其实是鱼鳍。据说，这种鱼最长有1.5米，多分布于西北太平洋区，东南沿海也会看到。

（台海网）

鳗鲡

斑条裸胸鳝

斑点裸胸鳝

鳗鲡

鳗鲡头小尾细，形体细长，也可以称它为棍棒型或蛇型。这类鱼适应于穴居，常钻入泥土或水底的砂石中，游泳能力相对较弱。鳗鲡肉味鲜美，营养丰富，是名贵的经济鱼类。

鳗鲡是鳗鲡目鱼类的统称，全世界大约有600种，除少数种类如鳗鲡科为淡水种外，多数生活在海洋里。我国有鳗鲡110种左右，主要分布在东海和南海。

鳗鲡属肉食性鱼类，口大牙锐、性情凶悍。

海鳝。鳗鲡目、海鳝科，是热带和亚热带珊瑚丛、洞穴中生活的近海浅水鱼类，有60~70种。

海鳝身型很长，无鳞，像蛇般滑溜浑圆，嗅觉灵敏，牙齿多而锐利，是典型的掠食者。海鳝白天潜伏于洞穴，晚间外出，捕掠鱼类、头足类或甲壳类动物。

近年来由于人类的大量捕杀，海鳝种类和数量均锐减，甚至出现区域性灭绝现象。

海鳗。分布于三大洋热带砂泥底海域，已知的有10来种。

海鳗俗称鳗鱼、牙鱼、长鱼、勾鱼，体长一般1~2米，游泳速度快，个性凶猛，是有名的鱼类掠食者，日落黄昏到凌晨是它们的进食时间，虾、蟹、小鱼、章鱼是它们的盘中美餐。海鳗还是浑水摸鱼的高手，擅长在风大浪急水质混浊时进行捕食。

海鳗肉质细嫩，脂肪含量高，是重要的食用经济鱼类。近年来，海鳗人工养殖方兴未艾。

海鳗

本节小结

带型鱼类因体型扁长如带而得名，代表性种类有带鱼、针鱼、鳗鲡等。带型鱼类在海洋中数量众多，是重要的经济鱼类之一。

练习与思考

海洋中体型最长的硬骨鱼是（　　　）。

A. 沙带鱼 　　　　　B. 皇带鱼 　　　　　C. 针鱼 　　　　　D. 鳗鲡

第五节　和搞怪无关——特殊体型鱼类

【纲举目张】

在海洋世界里，还生活着众多体型怪异的鱼类，这些鱼类为适应特殊的生存需要而呈现出特殊的体型。

方圆鲀鱼

鲀鱼是硬骨鱼鲀形目鱼类的统称，是鱼类中搞怪体型的一族，其代表种类是"方如箱子"的箱鲀和"圆如球"的刺鲀。

箱鲀。因身体有点方方正正而得名。箱鲀栖息于印度洋至太平洋热带沿岸的珊瑚礁海区，以藻类和小型底栖动物如海鞘、海绵、珊瑚等为主食。

箱鲀

箱鲀鱼类有30多种，大约有一半种类在我国海域可以找到。其体态粗短，呈球型或箱型，鳞片特化成骨质盾板的坚硬外壳，如同披覆铠甲一般，故又称铠鲀，有三角形、四角形、五角形及六角形多种。形成抵御掠食者的坚固城堡。

箱鲀因受坚硬外壳的约束，无法自如活动，通常栖息在海底，凭借海流漂荡移动，受到惊扰时会分泌毒素，令猎食者命丧黄泉。

刺鲀。因浑身长满刺针而得名。刺鲀为在热带海藻和珊瑚礁附近生活的底层肉食性鱼类，与河鲀是近亲，以坚硬的珊瑚、贝类、虾、蟹等为食。

粒突箱鲀

刺鲀鲀鱼类有10几种，广布于三大洋的暖水海区，我国有6～7种，在南海最为常见。

刺鲀鲀游动能力较差，不能快速逃跑以躲避天敌，但却有自己的看家绝活：当遇到敌方攻击时，会吸进大量的水或空气，身体顿时膨胀2～3倍，身上的硬刺也竖立起来，形成一个硕大的刺球，让对方难以入口。如果对方不识相将刺鲀吞入腹中，刺鲀会像孙悟空进入铁扇公主的肚子里一样，结果是可想而知的。

刺鲀

圆鳍鱼

圆鳍鱼通常生长在大西洋两岸的冷水海域，是一种身材短小厚实的鱼类，皮肤外附带着类似于瘤的物体，不善于游泳，稍微游一下便立刻吸在岩石上，以便支撑身体。

圆鳍鱼属于鲉形目、圆鳍鱼科，因腹鳍左右分开，合起来便形成一个圆盘状的吸盘，故称圆鳍鱼或吸盘圆鳍鱼。

鱼身营养价值高，鱼皮像甲鱼的裙边，胶原蛋白的含量高，鱼肉嫩滑，不饱和脂肪酸的含量高，骨头含钙量高，圆鳍鱼卵在丹麦料理中的使用十分广泛。

【拓展阅读】
"爱子的模范"

圆鳍鱼通常在春季低潮线以上的岩石隙间产卵，产卵量很大，每次大约有8万至14万粒卵，卵呈黑色，集成一大块附着在岩石上。在这种情况下，雄鱼能够完成护卵的任务，从不轻易离开"工作岗位"，在卵孵化的几周里，雄鱼都时时把头伸向卵堆，使卵块中央的部分得到新鲜的海水，从而使受精卵可以得到充分的氧气。如果有其他凶猛的动物接近卵块，它都会和它们拼命，以保护卵块。所以，圆鳍鱼都被公认为是"爱子的模范"。

圆鳍鱼

狮子鱼。学名蓑鲉（suō yóu，音梭由），分布于南太平洋、印度洋、红海等温带靠海岸的岩礁或珊瑚礁内，以其他小鱼、虾类和螃蟹为食。

狮子鱼和圆鳍鱼同属一科，也有人将其独立为狮子鱼科，已知约120种。体延长，头侧扁，具棘棱和皮瓣。尾鳍圆形，体色华丽，多具暗色横带。

狮子鱼

珊瑚礁需要"特种杀手"

由于狮子鱼属于肉食性鱼类，性情残暴，攻击性强，加上无所不食，胃口巨大，在珊瑚礁群中所向披靡，因此，有人认为它是破坏海洋生物多样性的"重要杀手"。

其实不然。狮子鱼在海洋生态食物链中有着十分重要的位置：空间狭小且如迷宫般的珊瑚礁缝隙，使一般的大型掠食者无法抵达，在此情况下，狮子鱼的无情杀戮，对于防止珊瑚礁物种过分密集，维持生态系统平衡，具有积极的意义。

海中龙马

海龙和海马是亲戚，都属于海龙目、海龙科的小型鱼类，具有拟态体型和特殊的适应习性。

已知的海龙科接近200种，我国有20～30种海龙。在中药学中，它们都是名贵的药材，具有较高的经济价值。

海龙。因形似国人传说的龙而得名。广布于世界各处，主要栖息在隐蔽性较好的礁石和海藻生长密集的浅海水域。海龙是海洋鱼类中最让人惊叹的生物之一，它们中的一些种类如叶海龙、草海龙身上布满形态美丽的"叶子"，随波摇曳，姿容婀娜，被称为"世界上最优雅的泳客"。

海龙俗称杨枝鱼、管口鱼、钱串子，是海洋生物中的伪装大师，身体向四周延伸出一株株海藻叶一样的瓣状附肢，体色也因栖息海域的背景呈现绿、橙、金等色彩，加上其独特的前后摇摆的运动方式，宛如一片漂浮在水中的藻类，从而躲避掠食者对它的伤害。

海龙没有牙齿和胃，依靠吸管一样长长的嘴巴，像喝水一样，把浮游生物、糠虾、海虱等微型的海洋生物吸进肚子里。

中医认为，海龙可以止血通气，有兴奋作用，适用于老人及神经衰弱患者。

海马。海马是刺鱼目、海龙科数种小型鱼类的统称，因其头部酷似马头而得名。代表种类有克氏海马、刺海马、大海马、斑海马、日本海马等。

海马喜栖于藻丛或海韭菜繁生的潮下带海区，以桡足类、蔓足类的藤壶幼体、萤虾、糠虾、钩虾等虾类的幼体或成体为食。

叶海龙

【相关链接】
称职的爸爸

　　雄性海龙是生物世界中最称职的爸爸兼保姆。繁殖季节，海龙妈妈把卵排放在海龙爸爸尾部的育婴囊中就撒手不管了，之后近两个月艰难的孵化任务和照看幼叶海龙的工作，全部落在海龙爸爸身上。早先在人们对海龙了解不够充分时，还以为小海龙是海龙爸爸生的。

红海马

黄金海马

中医认为，海马具有强身健体、补肾壮阳、舒筋活络、镇静安神等功效，常用于治疗神经系统疾病，是一味名贵中药。

　　海马不善游泳，性甚懒散，喜欢生活在珊瑚礁的缓流中，常以卷曲的尾部缠附于海藻的茎枝、珊瑚的枝节或倒挂于漂浮物上，随波逐流。摄食时会暂时离开缠附物，短距离游泳后再找其他物体重新附着。

　　海马集合了马、虾、象3种动物的特征于一身：头像马，身如虾，尾巴似象鼻，加上浑身的甲胄，皇冠式的角棱，令人很难将它和鱼类联系起来。

　　海马和海龙一样，孵化、"生育"和照看下一代的任务，都由雄性承担。

刺海马

第十章 天空任飞翔——海洋鸟类

全世界现有近万种鸟类，我国约有1400种，其中有不少种类被称为海鸟。

海鸟大体可以分为海岸鸟和大洋鸟两大类，它们与其他鸟类非常不同，是一种能够适应海洋气候环境的鸟类，有着强烈的趋同演化和十分类似的生理运行机制以及生活习性。

第一节 "山海两利"的海岸鸟

【纲举目张】

海岸鸟泛指那些长年生活在近岸海域或海岛的海鸟，包括涉禽和游禽两种类型。涉禽包括鸟纲、新鸟亚纲、今颚总目中鸻形目的鸻鹬类和鹳形目、鹤形目的一些种类；游禽包括潜鸟目、䴙䴘目、鹈形目、鸻形目的一些种类。

信步浅滩的涉禽

涉禽是鸟类8大生态类群之一，是一类适应于在浅水或岸边栖息生活的鸟类，因擅长在浅水中行走而得名，已知的大约有210种。以浅海、浅滩、潮间带、滩涂湿地为主要生存空间的种类是本节介绍的重点。

你知道吗

鸟类生态类群

鸟类生态类群是指生态行为相似的鸟类种群的组合，分为8种。我国现存鸟类划分为游禽、涉禽、陆禽、猛禽、攀禽、鸣禽6个生态类群，并没有走禽和海洋性鸟类两种生态类群。

斑头雁　　　　　灰雁　　　　　白额雁

涉禽多数长有较长的腿、脖子以及脚和趾，适于在浅水中涉行，从水底、污泥或积水中捕食鱼、虾和水生昆虫等。人们常见的鹭、鹳、鹬、鹤都是涉禽的代表。

涉禽大多为迁徙性鸟类，它们大多在北半球繁殖，秋季南迁到比较温暖的湿地区越冬，第二年春季返回北方繁殖地。

鹭。鹭是鹳形目、鹭科鸟类的通称，常见种类有白鹭、岩鹭、苍鹭等。

鹭科鸟类属于大、中型涉禽，全世界有60多种，具有长嘴、长颈、长脚的外型，河口湿地是它们最适合生活的水域环境。

白鹭

【拓展阅读】

鹭科的鸟是人类认识较早的鸟类之一，由于体态优美，常成为古人诗歌中赞美的对象。由于它们主要在湿地栖息，对于湿地的变化具有重要的指示意义，所以也受到了人们的重视，成为科学研究的对象。

【相关链接】

白鹭是我国福建省厦门市和山东省济南市的市鸟。

白鹭即鹭科、白鹭属，有13种，包括大白鹭、中白鹭、白鹭（小白鹭）和雪鹭（因浑身洁白而得名）等。

白鹭属于日行性鸟类，体型较大，常栖息于海滨红树林及其他湿地，以鱼、虾、蛙及昆虫等为食。喜欢群居筑巢，数对到数十对在一棵树上筑巢是常见的情况，它们行动谨慎，警觉性很高。

岩鹭是白鹭属的一种，是典型的海岸鸟类，因喜欢栖息在多岩礁的海岛和海岸岩石上而得名。

岩鹭有黑色和白色两种，主要生活于热带和亚热带海洋中的岛屿和沿海海岸一带，以鱼、虾、蟹、甲壳类等为食。它们性情羞怯，孤独好静，多在沿海边的岩礁上静静地觅食或者缓慢地走动。

苍鹭　　　　　　　　　　　　　　　岩鹭

苍鹭是鹭科、鹭属的一种，有4个亚种，属于大型水边鸟类，以小型鱼虾、蛙和昆虫等食物为食，海岸、江河湖泊等水域岸边的浅水处是它们觅食的主要去处。

苍鹭身体细瘦，头、颈、脚甚长。成年雄鸟头顶中央白色，头顶两侧有两条黑色辫子一样的羽冠。

耐心是苍鹭的看家本领。为了觅食，苍鹭可以长达数小时独自站在浅水中，一动不动地等候过往鱼群，一旦发现猎物，立刻伸颈啄之，动作极为敏捷，故有"长脖"、"老等"的别称。

鹬（yù，音"遇"）。鹬是鸻形目（héng，音恒）、鹬科鸟类的通称，全球有80种左右，分布在世界各地，常见的种类有杓（biāo，音标）鹬和矶（jī，音鸡）鹬。

鹬科鸟类栖息于海岸、湿地、湖泊、河塘等水域的浅滩处，以鱼类、蛙类、小型爬行类以及甲壳类、蠕虫等为食。鹬体色暗淡而富于条纹，嘴形大多长而尖直，适应穿凿淤泥，探寻食物。

鹬的一些种类为候鸟，在北半球极地繁殖，到南半球温暖地区越冬。奔跑迅速，善于飞翔。迁徙时喜欢成群结队，飞行时一鸟鸣叫，便众鸟呼应。

大杓鹬

小杓鹬

　　杓鹬有7~8种，因嘴长弯曲如北斗而得名。根据体型区分的有小杓鹬、中杓鹬、大杓鹬，按其他体态特征区分的有细嘴杓鹬、长嘴杓鹬、白腰杓鹬等。

　　矶鹬因经常出现在多石的海岸、礁石、水边或河中岩石等突出物上而得名。矶鹬性情活跃，喜欢在水边跑跑停停，行走时点头不止，站立时尾羽摆动，难得安静。

中流击水的游禽

　　游禽是适应在水中游泳、潜水捕食生活的鸟类，数量极大，种类繁多。

白鹈鹕

卷羽鹈鹕

凤头䴙䴘

黑颈䴙䴘

游禽涵盖了鸟类传统分类系统中雁形目、潜鸟目、鸊鷉（pìtī，音屁踢）目、鹱（hù，音户）形目、鹈（tí，音提）形目、鸥形目、企鹅目各目中的所有属种。

游禽的强项是游泳、潜水和在水中摄取食物，能快速飞行，要是陆地行走，那就勉为其难了。

游禽进化出具有水上运动的身体优势：后伸的脚趾间有蹼，可以像船桨一样有力划动；厚而致密的羽毛和绒羽加上表层涂抹的油脂，足以防水和形成有效的保暖层；此外，扁阔或尖状的嘴，能够轻而易举地夹住猎物。

许多游禽都有水陆两便、咸淡皆宜的习性。不同种类的游禽在水域活动的范围不同，从海洋到内陆，从近水滩到一定深度的深海，都有它们的身影。游禽多喜群居，时常成群活动，它们的食谱很广，水生植物、鱼类、无脊椎类都来者不拒。

鸊鷉。它是鸊鷉目20多种游禽的统称，我国民间俗称尖嘴鸭子，是快速准确的啄捕小鱼等水生生物的高手。

鸊鷉擅长潜水，能作长距离潜游。翅膀短，受到惊吓时会跃离水面起飞，但飞得很低，几乎贴着水面。

鹈鹕。鹈鹕是鹈形目、鹈鹕科、鹈鹕属8种水禽的统称，其最显著的体型特征是长长的喙和极度发达的喉囊。它们翅膀强壮，体力超群，奇特的捕鱼本领无其他游禽能敌。

鹈鹕的体型在现存游禽中是少有的，最大单体体长可达1.8米，重10~15千克。我国存有的种类是白鹈鹕、斑嘴鹈鹕和卷羽鹈鹕。

【拓展阅读】
游禽"潜"力辨

游禽的腿从身体中央后移，后移程度可反映其潜水能力。一般腿越偏向身体后部潜水能力越强，潜水越深；反之则不善潜水。

【相关链接】

鹈鹕是一种喜爱群居的鸟类，成群结队是它们习惯的活动和捕猎方式。当鹈鹕在空中发现海里的鱼群后，便紧随其后，集体追赶，迫使鱼群越靠越紧。机会终于来临了，只见鹈鹕们收拢宽大的翅膀，从数十米高的空中俯冲而下，宛如出膛的炮弹射进水中数米，捕捉猎物。此时的海面上，数以千计的鹈鹕此起彼伏，轮番攻击，巨大的击水声在几百米以外都能听得清清楚楚。

鸬鹚。鸬鹚和鹈鹕是近亲，属于大型的食鱼游禽，已知约有40种，遍布世界各地。

我国在东南沿海各省都有分布，主要种类为斑头鸬鹚、海鸬鹚、红脸鸬鹚、普通鸬鹚和黑颈鸬鹚。其中前3种倾向于在海洋中觅食，后两种倾向于在河流和湖泊中捕猎。

天鹅。天鹅是雁形目、鸭科、天鹅属5种游禽的统称，分布在非洲和南极洲以外的各大陆，其飞行高度可达9千米，能飞越世界最高屋脊——珠穆朗玛峰，有"飞高冠军"的美誉。

中国有3种天鹅（大天鹅、小天鹅和疣鼻天鹅），是大天鹅和疣鼻天鹅繁殖和越冬的地方。疣鼻天鹅遍体洁白、嘴赤红，前额有一黑色疣突，是天鹅中最美丽的一种。

天鹅属于国家二级保护动物，体型大，颈部长，神态庄重，仪容娴雅，被人类视为吉祥美丽的象征。

海鸬鹚

斑头鸬鹚

你知道吗

鸭科鸟类

鸭科是鸟纲、雁形目中的一个科，是游禽类最大的一科，多达37属148种，包括鸭、雁、天鹅等常见鸟类。

疣鼻天鹅

大天鹅

【拓展阅读】
忠贞的伴侣，勇敢的父亲

天鹅保持着一种稀有的"终身伴侣制"。不论是在繁殖期还是平时取食或休息，都成双成对。雌天鹅在产卵时，雄天鹅会在旁边守卫，有些种类雄性还替换孵卵。如果一只死亡，另一只也确能为之"守节"，终生单独生活。

天鹅夫妇为了保卫自己的巢、卵和幼雏，敢和狐狸等动物殊死搏斗。在击退敌手后，天鹅会像大雁那样，引吭高歌，发出胜利的欢叫声。

本节小结

　　海岸鸟主要包括涉禽和游禽两种类型，涉禽常见的种类有鹭、鹬、鹳、鹤等。游禽涵盖了鸟类许多目的种类。

练习与思考

　　下列对海岸鸟的定义，正确的是（　　）。

　　　　A. 是一类适应于在浅水或岸边栖息生活的鸟类

　　　　B. 泛指那些长年生活在近岸海域或海岛的海鸟

　　　　C. 是适应在水中游泳、潜水捕食生活的鸟类

　　　　D. 是在筑巢、休息和繁殖时才返回陆地的鸟类

第二节　以海为家的大洋鸟

【纲举目张】

　　本节所述的大洋鸟主要包括鸟纲、新鸟亚纲、今颚总目中鹱形目的多数种类、鸻形目的鸥类、海雀类以及雨燕目雨燕科的一些种类。这是一生大部分时间生活在海面上或者是海洋的天空，只有在筑巢、休息和繁殖时才返回陆地的鸟类。

角嘴海雀

海鸠

战风斗雨话海燕

　　海燕是鹱形目、海燕科约20种海鸟的统称，集中分布在太平洋和大西洋地区，是体型最小的海洋鸟类，以海藻、鱼、乌贼和小甲壳类动物为食。

　　除了繁殖期间栖息于海岸和岛屿外，无论是觅食还是休息，海面都是海燕主要生活的空间。它们时常成群结队在海面低空徘徊，或鼓动两翼快速俯冲，或平展双翅轻盈滑翔；在惊涛骇浪中穿梭，在狂风暴雨中翱翔，它们是坚毅和勇敢的代名词。

　　黑叉尾海燕。黑叉尾海燕分布于太平洋北部，日本、朝鲜、中国海域至印度洋北部，在我国主要分布于福建厦门海域附近。

黑叉尾海燕为远洋性鸟类，名列国家保护的有益的或者有重要经济、科学研究价值的野生动物，常在水面上弹跳及俯冲飞行，繁殖筑巢于海洋中各种不同大小岛屿的地面上。

白腰叉尾海燕。白腰叉尾海燕是我国常见的典型的远洋海鸟，除繁殖期外几乎都在海上度过。喜成群，善飞翔，多数时间都成群在海面低空飞行，双翅有力，能快速转向。白腰叉尾海燕猎食水平高超，嘴啄爪摄，随心所欲。

风暴海燕。风暴海燕是活跃在南极地区个体最小的飞鸟，因飞翔速度快，能在强大的风暴中飞翔而得名。

黑叉尾海燕

海面徘徊的信天翁

信天翁是鹱形目、信天翁科20多种鸟类的统称，属于大型海洋鸟类，多数种类分布在南半球海域。

信天翁俗称"呆鸥"或"笨鸟"，是世界上最大的海洋鸟类，体重达8~9千克；也是最善于滑翔的鸟类之一，拥有窄长的翅膀，翼展达3~4米，可以在海上长时间滑翔，据说一只信天翁可以在12天内飞行达5000千米的旅程；信天翁寿命很长，可活40~60年，是罕有的能活到老死的鸟类之一。信天翁喜欢成群跟船飞行，是许多海员一度敬畏的鸟类。

白腰叉尾海燕

白顶信天翁

波纹信天翁

信天翁名字来源

信天翁的名字来源于希腊神话《伊利亚特》中的狄俄墨得斯，他是阿尔戈斯的国王，特洛伊战争中希腊著名的大英雄。他擅长驾驭战马，是藏在木马里进入特洛伊城的50个武士之一，曾在全希腊的战车比赛和赛跑中拔得头筹，在雅典娜的帮助下战胜阿瑞斯。

你知道吗

黑眉信天翁。分布在围绕南极的海洋，主要以鱼类、乌贼、甲壳类等为食，在长满草丛的陡坡或峭壁上筑巢。

黑眉信天翁属鹱形目、信天翁科，长约80～95厘米，翼展2～2.4米，平均体重2.9～4.7千克。它们的寿命可以超过70岁。

黑脚信天翁。因其脚部为黑色而得此名，经常成群栖居于大洋中的岛屿。

黑脚信天翁分布于北太平洋以及我国浙江、福建及台湾海峡的沿海，以鱼、软体动物等为食。

漂泊信天翁

黑脚信天翁

长途跋涉的海鸥

海鸥是人们熟悉的海洋鸟类，分为鸥和燕鸥两类，已知的接近100种。海鸥有着较长的翅膀，善于长途跋涉，飞行姿态从容，有些种类如北极燕鸥每年都往返于南北两极之间，是迁徙距离最长的动物。

鸥。全世界有50多种鸥，分布在全球的海洋、大陆沿海以及内陆水域。鸥有着稍微下钩的长嘴，圆形的尾翼。

海鸥时常漂浮于水面觅食，但不能潜水。我国常见的种类有红嘴鸥、黑嘴鸥、渔鸥、银鸥、棕头鸥等。

燕鸥。燕鸥属于海洋性鸟类，因尾型与家燕相似而得名，已知有40来种。我国分布的有白额燕鸥、乌燕鸥等7～8种。

潜水捕鱼是燕鸥的专长，发现目标后先悬停片刻，对准猎物，而后从空中俯冲，潜入水中捕捉甲壳动物和小鱼。燕鸥属群栖鸟类，常数百万只聚居筑巢，形成壮观场面。

黑嘴鸥

棕头鸥

白额燕鸥

【相关链接】
鸥和燕鸥的区别

鸥和燕鸥之间的区别也很明显，鸥嘴端具钩而燕鸥不具；鸥尾常为圆形，燕鸥尾常为叉形似燕；鸥体型通常比燕鸥要大；鸥擅长在水面游泳而不能潜水，燕鸥擅长俯冲潜水，但多不常游泳。

鸥和燕鸥多以鱼虾等为食，但有些鸥类特别是一些大型种类有类似贼鸥的掠夺习性，比较具攻击性。

短尾贼鸥

贼鸥

黑嘴端凤头燕鸥

本节小结

大洋鸟是一生大部分时间生活在海面上或者是海洋的上空，只有在筑巢、休息和繁殖时才返回陆地的鸟类，代表种类有海燕、海鸥、信天翁等。

练习与思考

世界上最大的海洋鸟类是（　　）。

A.海燕　　　　　　B.海鸥　　　　　　C.信天翁　　　　　　D.海鸠

第十一章　还是海洋好

在海洋动物中有一类从陆地返回海洋的群体，主要依赖海洋生存。它们是海洋两栖动物、海洋爬行动物和海洋哺乳动物。

海洋两栖动物种类不多，我国仅在海南、台湾等海域有海陆蛙一种。海洋爬行动物包括海龟、海鳄和海蛇三类。

海洋哺乳动物包括鲸目、海牛目、鳍脚目和食肉目的一些种类，已知有100多种。

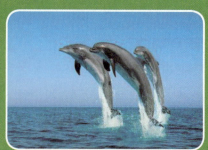

第一节　海洋爬行动物

【纲举目张】

海洋爬行动物属于爬行动物中重新返回海洋生活的一个群体。目前仅存海龟、海鳄和海蛇三个种类，鱼龙、蛇颈龙等则完全灭绝。

好汉不提当年勇

爬行动物是两栖动物向哺乳动物进化过程中的过渡类型，拥有覆盖着鳞片或甲的皮肤和能够支撑陆地呼吸的肺。它们曾经是地球上最繁盛的物种，统治地球时间长达约1.6亿年之久。

爬行动物属于四足动物类（又称四肢类）。四脚落地是为适应在陆地运动的自然选择结果，其最大的优势是利于在运动中保持平衡和协调。

鱼龙（复原图）

蜥蜴

鳄鱼

蛇颈龙（复原图）

【相关链接】

　　大部分的爬行动物不能产生足够的热量来保持体温，需要太阳和地热来取暖，以保证体内生理生化反应能够在正常温度下进行，属于变温动物。因而，爬行动物的统治地位逐渐被一些体形比它们小的多的哺乳动物所替代。爬行动物目前处于衰退周期，生存于热带或亚热带地区。

【拓展阅读】
温度决定性别

　　爬行类的性别是由孵化期间的温度决定的。如，小海龟的性别取决于孵化期间沙滩的温度，高于29.5摄氏度将孵出雄龟，低于29.5摄氏度则是雌龟。如果不高不低，正好是29.5摄氏度，则雄雌的可能性都是50%。

海洋中的爬行动物在从陆地重返海洋生活的过程中，身体的一些结构发生了相应的变化：利于在水中游泳的体形和排出体内过量盐分。

海龟的四肢特化为桨板状；海蛇的身体前段呈圆柱形，后半部则侧扁。海洋爬行动物以各种"排盐"的方式适应海洋生活环境。海龟在进食的同时也吞下海水，摄取了大量的盐分。海龟泪腺旁的一些特殊腺体会排出多余的盐分，形成海龟在岸上的"流泪"现象。海蛇舌下的盐腺，具有排出随食物进入体内的过量盐分的机能。

海龟桨板状的四肢

海蛇侧扁的尾部

海龟

海龟是爬行纲龟鳖目海龟科动物的统称，现存7～8种，分布于太平洋、大西洋和印度洋等。生活在我国海域的海龟有棱皮龟、绿海龟、玳瑁、蠵龟、太平洋丽龟等，均属于国家保护动物。

棱皮龟

棱皮龟因体背、腹部长有多行纵棱而得名，又称革龟。棱皮龟是龟鳖类中体形最大的一种，现存大西洋棱皮龟和太平洋棱皮龟两个亚种，单体可重达数百千克。

棱皮龟属于远洋动物，主要栖息于热带海域的中上层，杂食，以海藻、鱼、虾、蟹、海星、海参、水母等为食。

【拓展阅读】

成年的棱皮龟嘴里密密麻麻地长着又长又尖的"角质皮刺"，宛如四面布满牙齿的陷井，任何食物到了这里都一样——以"全尸"开始，以粉碎告终。

棱皮龟

棱皮龟"恐怖"的嘴

玳瑁（dài mào 音带冒）

玳瑁喜欢生活在有较多利于藏身的洞穴、沟槽的暗礁岩丛和珊瑚礁区，最主要的食物是海绵。当然水母、海葵、虾蟹、贝类等也来者不拒。成年玳瑁，性情凶暴，天敌较少。

你知道吗

海绵

海绵，因身体柔软而得名，多孔动物门生物的统称，有四大纲1万多个种类。海绵像植物那样常年静卧海底，有块状、球状、扇状、管状、瓶状、壶状、树枝状等形态。

人们通常所说的海绵材料，就是借用海绵这一生物多孔弹性的特点命名。

和其他龟鳖相比，玳瑁的角质龟甲非常独特：呈微透明或半透明，散布着黄褐色和淡黄相间的血丝花，仿佛涂着油脂一样，呈现鲜艳的光泽，被誉为"海金"。

玳 瑁

一家之言 ## 玳瑁的读音

玳瑁有三种读音：作为海洋生物，读成"带帽"；作为珠宝，读成"带妹"；若是中药名，则读成"毒目"。

绿海龟

绿海龟俗称黑龟或石龟，因其身上的肌肉、脂肪和软骨为绿色而得名。绿海龟广泛分布在热带及亚热带海域中。我国山东以南海域均有分布，尤以南海为最。福建西部和广东东部沿岸与岛屿是其主要产卵场所。

因为绿海龟以海藻及海草的叶为主要食物，故而体内脂肪富集了较多的脂溶性色素——叶绿素。它的腹甲则为白色或黄白色，背甲为赤棕至墨色，且含有亮丽的大花斑。

绿海龟公龟的尾巴比母龟长很多，因此只须通过尾巴的长短就很容易辨认成龟的性别。

太平洋丽龟

太平洋丽龟别名橄龟、海龟、丽龟。

太平洋丽龟是海龟中体形最小的一种，成年龟体长在60～70厘米，体重十来千克。我国太平洋丽龟资源不多，是国家保护动物。

左边一只长着长长的尾巴，可知其为雄性

太平洋丽龟

成群的太平洋丽龟到沙滩产卵

蠵龟（xī，音西）

蠵龟又称赤蠵龟、红海龟。多数背甲呈红棕色或褐红色，有不规则的土黄色或褐色斑纹，腹甲柠檬黄色或橘黄色。

蠵龟游到礁盘摄食海藻

海蛇

海蛇是爬行纲有鳞目海蛇亚科蛇类的总称，目前已知的海蛇有16属50多种，小的海蛇体长不过半米，大的海蛇体长可达3米。

海蛇喜欢栖息于沿岸近海和海岛周围的浅水中，以鱼类为食。海蛇具有趋光和集群的习性，每当繁殖季节来临，常可见到成群海蛇聚集在一起的场景。

海蛇和眼镜蛇有密切的亲缘关系，多数海蛇有剧毒，其毒性远大于陆地毒蛇。

海蝰

长吻海蛇

一家之言　海蛇与海鳗的区别

海蛇与海鳗主要的区别在于：海蛇有鳞有毒，海鳗无鳞，几乎无毒。

我国海域常见的海蛇有青环海蛇、平颏海蛇、海蝰和长吻海蛇等约20种。

青环海蛇

青环海蛇是我国沿海重要的海蛇种类。喜欢待在沙、泥海底。属于国家保护的有益的且有重要经济、科学研究价值的陆生野生动物，评估级别为易危。

图片中上为海鳗，下为海蛇

中药称青环海蛇有祛风燥湿，通络活血，攻毒和滋补强壮等功效，用于治疗风湿痹症，四肢麻木，关节疼痛，疥癣恶疮等症。沿海渔民熬制的蛇油也是取自于青环海蛇，用于水火烫伤、冻疮、虫蚊叮咬等。

青环海蛇

认识海洋生物

黑头海蛇

黑头海蛇因其具黑色头部特征而得名，属于热带和亚热带海域蛇类，见于我国的东海、台湾海域及南海。黑头海蛇体长100~200厘米，体色以浅黄色为主，身上布有黑色纹带。

黑头海蛇属于攻击性较强的蛇类，遇见人类时并不回避。人被袭后会出现肌肉刺痛、全身麻痹、呼吸困难等症状，严重者可导致死亡，因此在遭遇野生黑头海蛇时应谨慎小心。

黑头海蛇

本节小结

海洋中的爬行动物均属第二次下水类型，即进化中从陆地重返海洋生活，它们的形态结构发生了利于在水中游泳的变化。

练习与思考

1.绿海龟的命名是由于其体内含有较多的（　　　　）。

　A.叶绿素　　　　B.叶黄素　　　　C.胡萝卜素　　　　D.花青素

2.有人说海洋曾经是爬行动物的天下。你对这种观点有何看法？

第二节　重返海洋的哺乳动物

【纲举目张】

海洋哺乳动物是由陆上返回海洋的次水生生物。既保留了体温恒定、胎生哺乳和进行肺呼吸等陆生哺乳动物的特征，又发展出体呈流线型、前肢特化为鳍状等适合水中生存的优势。

艰难的选择

海洋哺乳动物通常被人们称为海兽，是哺乳类中适于海栖环境的特殊群体，广泛分布在世界各海洋中，其中以大西洋北部、太平洋北部、北冰洋和南极的极地沿海水域为多。

海洋哺乳动物的祖先曾经生活在陆地上，大约在2.6亿年前，由于人们暂时还不清楚的原因，一些哺乳动物再次返回海洋。

多数科学家认为，海洋哺乳动物可能都是食肉动物和有蹄类动物的后代，为求得生存，进化出适应海洋环境的特性，成为向水中发展的一个族群。

北极熊

【相关链接】
选择极地的理由

一些科学家认为海生哺乳动物的史前先祖是水獭，其他一些科学家则认为是熊。不论它们的先祖是谁，这些哺乳动物还是基本上适应了海洋生活。

海洋哺乳动物主要集中在极地沿海，这是因为极地环境恶劣，天气严寒，内陆上动植物稀少，加上特别漫长的冬季，动物们在极地内陆难以找到足够的食物，只有移居海岸或海里，以海为生。同时，环境恶劣也有优势，那就是天敌少，特别是可以避免人类的干扰。许多海洋哺乳动物在陆地上动作笨拙，移动缓慢，就是最有力的证明。

一家之言　无法解释的肺呼吸之谜

有人认为，"海兽很有可能一直生活在近海甚至深海中，至少它们中的一部分从来就没有离开过海洋。"按照这种观点，人们很难解释海洋兽类为什么不用鳃呼吸而是和陆地动物一样用肺进行呼吸这一问题。

根据海兽的生活习性，人们一般将海兽分为全水生海兽和半水生海兽两大类。

全水生海兽包括鲸目动物（如鲸、海豚）和海牛目动物（如儒艮、海牛），它们终生生息在海中；半水生海兽包括鳍脚目动物（如海豹、海狮）和食肉目的一些种类如海獭、北极熊等，它们不但需要在海中捕食，而且需要到岸上进行憩息、交配和生殖。

我国海域约有40余种海兽，主要分布在台湾和南海水域。

鲸是我国海域中海兽的主要种类。一些生活在内河湖泊中的物种如白鳍豚、江豚等，因其发展历史同海洋相关，所以视同海洋哺乳动物。

小须鲸

小露脊鲸

海獭

神奇的"海军陆战队"

经过漫长岁月的进化，海兽既保留了陆地动物的某些优势特征，又吸收了水生动物的优势形态，同时还形成水陆动物各自缺少的强项，堪称动物世界里神奇的"海军陆战队"。

海兽继承了陆地哺乳动物胎生和哺乳的优势：胎生可以确保胚胎在发育过程中获得营养、舒适、安全和稳定的条件，初生幼仔可以长成较大的个体；母乳喂养成分全面，来源可靠；加上幼仔跟随母亲的时间较长，可以获得母亲更多的呵护。所有这些，极大地提高了哺乳动物后代的成活率。

海兽还吸收了水生动物的体型特征，发展出纺锤一般的流线体型，由前肢演变而来的两个鳍肢，保持着身体的平衡，并协助转换方向；茂密厚实的皮毛，可以极大地减少水的阻力。

海兽还具备水陆交汇的优势：首先是较大的体型，身体强壮是力量的象征。以蓝鲸为例，单体重数十吨甚至超过100吨。这样的体重，只有借助海水的浮力才能行动自如，这在陆生动物中是很罕见的；其次是超群发达的智力。科学研究表明，海兽的一些种属如海豚、海狮，比灵长类的猴子还要聪明和灵活。它们拥有惊人的记忆力和很强的模仿能力，在海洋生存竞争中独占鳌头。

"值钱"的悲哀

在人类眼中，海兽是很值钱的。

首先是经济价值很大，皮毛、骨肉、脂肪、内脏，都是宝贝。

海兽的肉均可食用，从脂肪中提炼的油脂，可以食用，还可以点灯或作润滑油、肥皂等；海獭、海牛类、鳍脚类动物的毛皮质地柔软，保温效果堪称一流，是制作高档衣帽的上乘原料，有些动物的皮革则用于箱包的制作。名贵香料的龙涎香就是抹香鲸肠部的分泌物。

其次是科学研究和利用。

近年来，人们对海洋哺乳动物的潜水能力、游泳速度、回声定位、体温调节等功能的研究越来越深入，海兽在仿生学方面的意义，也愈来愈受到应有的重视。

自工业革命以来，海兽曾经作为重要的海洋资源，遭到人类疯狂的猎捕，海兽的许多种群资源量急剧减少，甚至濒临灭绝。目前，海兽的保护已经获得一些国家和地区的认可或重视。

灰鲸

巨头鲸

本节小结

海洋哺乳动物是从食肉动物和有蹄类动物中进化出的一个族群，具有适应海洋环境的生存特性。海兽由于受到人类的过度捕猎，多数物种已经濒临灭绝，海兽保护是海洋生态保护中面临的重大课题之一。

练习与思考

海洋哺乳动物主要集中在极地沿海的原因主要有哪些？

第三节 动物界的大块头——鲸

【纲举目张】

鲸鱼是哺乳纲鲸目中80种胎生哺乳动物的统称，是海洋哺乳动物中种类数目最多的群体。鲸鱼包括须鲸和齿鲸，大多数生活在海洋里，少数栖息在河流中。

鲸鱼家族

鲸鱼体型似鱼，是完全水栖的哺乳动物，分布在全世界的各海洋中。

鲸目动物出现在5000万年前，分布在亚洲、非洲及北美。早期的鲸类经历漫长的演化过程后，形成鲸类家族中的须鲸和齿鲸两个分支，衍生出13科近80种的各类迷人生物，充实了今天的海洋世界。

一角鲸

座头鲸

鲸鱼皮肤下有一层厚厚的脂肪，借此保温和减少身体比重。多数视力较差，但听觉灵敏，擅长游泳，一般以软体动物、鱼类和浮游动物为食，有的种类也能捕食海豹、海狗等。利用回声定位寻食避敌是鲸鱼的看家本领之一。

鲸鱼由于体型大，脂肪层厚，具有很高的经济价值，因此遭到人类的无度捕杀，很多鲸类濒临灭绝。

【拓展阅读】

如同所有哺乳动物一样，鲸用肺呼吸，肺容积大，每次呼吸换气彻底，潜水后对氧的依赖性较低，从而鲸能潜水30～70分钟，甚至更长时间才浮出水面换气一次。大多数小型鲸是浅层潜游者，而一些大型鲸类则能深潜。所有的哺乳动物，包括鲸都需要睡眠，但鲸为了呼吸而保持清醒只能使它们一个脑半球处于睡眠状态。所以鲸从不沉睡却能够得到所需的睡眠。鲸的寿命约60～70年。

早在80多年前，许多环保人士就积极奔走呼吁，国际上也成立了国际捕鲸委员会，签订了《国际管制捕鲸公约》《全球禁止捕鲸公约》等文件，然而，日本、挪威和冰岛等一些国家，却打着"科学捕鲸"的旗号，进行捕鲸作业。

鲸鱼悲歌

擅过滤的须鲸

海洋中生活着10种须鲸，鲸须的颜色、数目和形状是须鲸分类的重要依据之一，共有3种类型，它们中的一些是世界上现存的最大的动物。

身材巨大的须鲸却是以虾类、小鱼、水母、硅藻以及各种浮游生物为主食的。须鲸嘴巴上长着板状的须，可以像筛子一样进行过滤，肚子里还有很多的褶皱，能像风琴的风箱一样伸缩。须鲸在游弋时张开大口，将海水和小虾小鱼以及浮游生物一齐吞下，然后闭上嘴巴，海水便从须缝里排出，留下鱼虾等美食。

蓝鲸。蓝鲸是须鲸中最有代表性的品种，因背部呈淡蓝色（实际上是青色）而得名。蓝鲸又分为南蓝鲸、北蓝鲸和小蓝鲸3种。如果要用一个字概括蓝鲸的特点，那个字就是"大"。

蓝鲸

蓝鲸与船舶相撞

大块头。蓝鲸是地球上已知的动物中体型最大的，平均长度约25米，最高纪录为33.5米左右，重达190吨，相当于非洲象体重的30倍或2000～3000个人的重量的总和。据说刚出生的蓝鲸有2吨重；一只成年蓝鲸的皮下脂肪重20～30吨，眼睛和足球差不多大。

大力士。据说蓝鲸力大无穷，一头蓝鲸的拉力相当于一台中型火车机车产生的拉力。

大饭桶。据说蓝鲸一次可以吞食200万只磷虾，每天要吃掉4~8吨的食物，刚出生的蓝鲸，每天要吸食1吨左右的乳汁。

大嗓门。在所有动物中，蓝鲸发出的声音最大，蓝鲸在与伙伴联络时使用一种低频率、震耳欲聋的声音。这种声音有时能超过180分贝，比你站在跑道上所听到的喷气式飞机起飞时发出的声音还要大，灵敏的仪器曾在80千米外探测到蓝鲸的声音。

蓝鲸呼吸时造成的水柱

大搞怪。蓝鲸的肺能容纳1000多升的空气，每当它的头部露出水面呼吸时，体内的二氧化碳会把附近的海水一起卷出海面，称之为"喷潮"。喷射的高度可达10米，形成蔚为壮观的海上喷泉，同时还发出犹如火车的汽笛一般响亮的声音，人们可以根据蓝鲸喷气时发出的声音、喷潮的高度和形状，来确定它的位置。

长须鲸。长须鲸体型在鲸鱼家族中位居第二，仅次于蓝鲸。长须鲸被国际自然保护联盟列为濒危物种，是国家二级重点保护动物。

长须鲸有两大绝活。一是泳技超群，它是大型鲸鱼中的游泳冠军，时速超过35千米，短时间内时速可突破40千米。二是低音部歌唱家，雄性长须鲸求偶时，会持续很多天低调频歌唱。演唱的叫声长、响亮异常且富于规律。

露脊鲸。露脊鲸是国际自然保护联盟收录的濒危物种，我国海域活动的露脊鲸是黑露脊鲸，分布在南海、东海和黄海。

长须鲸

露脊鲸有北大西洋露脊鲸、北太平洋露脊鲸、南露脊鲸、弓头鲸多种，露脊鲸性格散漫，游泳时轻松闲逸，正常速度和人走路差不多，就是在逃跑时时速也不超过10千米。

黑露脊鲸

好牙口的齿鲸

齿鲸是齿鲸目海兽的统称，因口中具有牙齿而得名，已知有70～80种。

齿鲸主要以鱼虾和软体动物为食，大型齿鲸还能捕食海鸟、海豹，甚至是其他鲸类。根据牙齿的形状和数目分为河豚、海豚、抹香鲸等8个科。

河豚。河豚是淡水豚科动物的统称，现存有白鳍豚、亚马孙河豚、江豚、恒河豚4个种属。我国水域分布的种类主要有白鳍豚、长江江豚等，其中白鳍豚已几近灭绝。

白鳍豚

白鳍豚又称白鳍豚、白鳍，历史上曾经广泛分布于从三峡地区到长江入海口约1700千米的长江水域。白鳍豚是国家一级野生保护动物，也是世界12种最濒危动物之一，2007年，科学界断定白鳍豚已经功能性灭绝。

你知道吗

功能性灭绝

功能性灭绝是指该物种因其生存环境被破坏，数量非常稀少，以致在自然状态下基本丧失了维持繁殖的能力，甚至丧失了维持生存的能力。功能性灭绝是物种灭绝的先兆，有时也可以理解为意味着物种的灭绝。

【各抒己见】

"河豚"不是"河鲀"

我国民间经常将"河鲀"误称为"河豚"。"长江三鲜"中的"河鲀"是鱼纲、鲀形目、鲀科鱼类的一种（参见第九章第五节"箱鲀"），和本节所言的"河豚"是两类生物。

海豚。海豚是人们熟悉的海洋哺乳动物，约有35种，是海兽中智商最高的动物之一。海豚性格迥异：中华白海豚性格友善，性格活跃，喜欢嬉闹玩耍，在人类文化中一向十分受欢迎；另一个著名的成员虎鲸则性情凶猛，身负杀人鲸恶名。

中华白海豚是国家一级保护动物，又称印度太平洋驼背豚、妈祖鱼、粉红海豚，分布在西太平洋到印度洋沿岸。我国分布比较集中的区域是厦门的九龙江口和广东的珠江口。

虎鲸属于食肉动物，嘴巴细长，牙齿锋利，性情凶猛，加上大脑发达，身强体壮，能够追赶和捕杀海洋中的很多猎物从而成为顶级捕食者，如海龟、企鹅、海豹等，甚至包括凶恶的大白鲨和灰鲭鲨。

中华白海豚

虎鲸

虎鲸实际上不会主动攻击人类，野生虎鲸极少伤人。

抹香鲸。又称"巨头鲸"，是齿鲸中体型最大的一种，在海洋哺乳动物中有"潜水冠军"的美誉，保持着潜水时间最长、潜深最大两项纪录。

海底深处的巨乌贼是抹香鲸的最爱，为了追猎这餐美食，抹香鲸常"屏气潜水"到2200米的深海，时间长达1.5小时以上。

抹香鲸

抹香鲸搁浅盐城海滩

【拓展阅读】

龙涎香

珍贵的海产品"龙涎香"来源于抹香鲸，它是抹香鲸结肠和直肠内的一种分泌物，内含25%的龙涎素，是珍贵香料的原料。这种物质刚取出时臭味难闻，存放一段时间后逐渐产生香味，较"麝香"有过之而无不及。龙涎香还是名贵的中药，有化痰、散结、利气、活血之功效。

本节小结

鲸的种类很多，全世界有80余种，我国海域有30多种。一般都将它们分为两类。一类口中有须无齿，称须鲸，共10种；另一类口中有齿无须，叫齿鲸，共70多种。鲸的体长从1米到30多米不等。

练习与思考

思考：鲸鱼是鱼吗？为什么？

第四节　素食动物——海牛

　　海牛是海洋哺乳动物中的一目，包括海牛和儒艮两大类。它们均为素食动物，以海草与其他水生植物为食。

海牛

　　海牛是海牛科3种海牛即北美海牛、南美海牛、西非海牛的统称，属于海洋中唯一的大型草食性哺乳动物。

　　北美海牛又称加勒比海牛、西印度海牛，分布于加勒比海和墨西哥湾沿岸；南美海牛又称亚马孙海牛、巴西海牛，分布于亚马孙河流域，属于淡水海牛；西非海牛分布于西非海岸、浅湾以及河流、湖泊中，属于淡水和海水均能适应的海牛。

　　海牛性格温和，不喜欢受到干扰，多半栖息在平静、水草茂盛的浅海、近河口的海域或河流中。

海牛

　　海牛御敌能力不强，从不到深海去或到岸上来。平时行动迟缓，慢条斯理，不具攻击性。高兴的时候会翻翻筋斗，垂直地竖在水中，俨然像神话里的人身鱼尾怪物，成为人们想象的美人鱼原型。

 认识海洋生物

海牛食草有两大特点。一是食量很大，每天能进食相当体重十分之一重量的水草。二是食相中规中矩，吃草时像卷地毯一样一片一片地吃过去，和陆生食草动物的"挑挑拣拣"大相径庭，因此有"水中除草机"的美誉。

【拓展阅读】
特殊的牙齿替换系统

海牛在长期进化中演化出特殊的牙齿替换系统，以适应食用多纤维食物对牙齿的磨损。海牛仅具臼齿，更新方式不是一颗掉了后再重新长出新牙，而是整列牙齿由颚的末端水平地往前移动，当牙齿移动至颚的最前端时，牙根会逐渐被吸收终至脱落。

【相关链接】
海牛的"妙用"

有报道说，非洲扎伊尔政府利用海牛嗜食水草的特性，解决水草阻碍水电站发电、堵塞河道和水渠妨碍航行的难题。在刚果河上游的1600千米的河道上，蔓延着一种叫做风信子的水草，不但造成航道堵塞，还带来了引发丝虫病、脑炎和血吸虫病等的昆虫，严重影响当地居民的生活。为此，当地政府在河道放入几头海牛，困扰多时的难题便迎刃而解了。

目前，我国南方的一些地区被外来物种水葫芦的疯长所困扰，有人提出适当引进一些海牛，让这个大胃口的家伙去对付水葫芦，听起来是个不错的主意。

西印度海牛。成年的海牛可长到3米长、400多千克重。头小，浑身呈灰色，皮肤厚而紧实，表面粗糙，体毛稀疏甚至无毛。有些个体可能是藻类或藤壶附着于皮肤表面，外观呈褐、红、或白色。

西印度海牛基本的社群一般是以母子为单位，遇到危险时，彼此间会以高音的"轧轧"声或尖锐声前后呼应，一起逃走。母海牛有时也会用身体保护幼兽，设法将入侵者推开。

目前海牛栖息地的一些国家如美国，已经把西印度海牛列入法律保护的范围。

由于当地民俗中采用海牛肉和脂肪医疗病患，用酷似象牙的肋骨作为工艺品雕刻材料，非法盗猎已经成为西印度海牛生存受到的最大威胁。此外，船只碰撞、渔网缠绕、渔具夹伤等意外也是造成海牛死伤的原因。

安地列斯海牛

佛罗里达海牛

儒艮

儒艮（rú gèn）是海牛目儒艮科中唯一的物种，生长于印度洋、红海和西南太平洋热带沿岸水域。

儒艮在我国广东、广西、海南和台湾南部沿海曾有分布，目前我国在广西合浦设立了专门的自然保护区，属于国家一级保护动物。

【相关链接】
"海猪"？"儒艮"？

2008年6月22日，海南文昌东郊椰林海边突然漂来一只重达几百千克的死鱼，这条鱼躯体庞大，长3米，全身呈灰白色，重约500千克。与其他鱼不同的是，这条鱼的头部，尤其是嘴巴和猪特别相像，嘴巴上唇还长满了坚硬的"胡须"。前往现场围观的村民们告诉记者，他们从来没有见过这种鱼，因为它的头很像猪头，大家都称它"猪头"鱼，或者"海猪"。

据海南师范大学生物系老师初步判定，这种动物可能是珍稀海洋哺乳动物，也是我国43种濒临灭绝的脊椎动物之一"儒艮"，属国家一级保护动物。

（南海网）

儒艮多在距海岸20米左右的海草丛中出没，在隐蔽条件良好的海草区底部生活，常以2～3头的家族群活动，定期浮出水面呼吸。有时随潮水进入河口，取食后又随退潮回到海

中，很少游向外海。

儒艮的身体呈纺锤型，长约3米，体重300～500千克。长着近似于海豚的Y型尾鳍，突出嘴外的长牙则近似其远亲大象，全身有稀疏的短细体毛。

儒艮喜爱安静，生性胆小羞涩，稍受干扰，就惊吓逃避。平时能吃懒动，因此膘肥体胖是其造型的主要特征。

在一些地方，儒艮还有"海牛""海猪""海骆驼""美人鱼"等别名。

儒艮退化的前肢旁长着一对较为丰满的乳房，位置与人类非常相似。当儒艮腾流而起，在海面上露出上半身时，恍然间如少妇出浴，从而被认作"美人鱼"，给人们留下了诸多美丽的遐想。

儒艮

本节小结

海牛是大型水栖草食性哺乳动物，可以在淡水或海水中生活。外形呈纺锤形，颇似小鲸，但有短颈，与鲸不同。海牛科与儒艮科动物在外观上相近，不同点在于头骨与尾巴的形状，海牛科的尾部扁平略呈圆形，外观有如大型的桨；而儒艮的尾巴则和鲸类近似，中央分岔。

练习与思考

1. 查找并阅读安徒生童话《海的女儿》。

2. 有一个国家用紫铜雕塑了"美人鱼"的塑像，置放在首都港口的沙滩上，成为今天该国家的象征和骄傲。查一查这是哪个国家。

3. 半鱼半人的"海姑娘"真的存在吗？

第五节　它们的脚丫像鱼翅

【纲举目张】

它们是海洋哺乳动物的一目，包括海狮、海豹、海象3个科，我国仅有海狮、海豹2科5种。

进化应水而生

因四肢的趾间长着肥厚的蹼膜，连成和鱼鳍一样的形状，因此称"鳍脚目"。鳍脚动物头圆，颈短，身体一般是纺锤形(或流线型)，体表密生短毛，擅长游泳和潜水。

鳍脚动物是由古代食肉类分出的向水中发展的一支大型食肉兽，与食肉目动物是近亲。鳍脚动物的油脂和皮肉均可利用，有些种类的毛皮十分珍贵，具有较大的经济价值。

海象

鳍脚动物为肉食性，分布于南、北半球寒带和温带海洋。一生大部分时间生活在水中。除少数种外，鳍脚动物仅在交配、产仔和换毛时期才到陆地或冰块上来。这种动物无裂齿，多为整吞食物，不加咀嚼，主食鱼、贝类和软体动物。鳍脚动物皮下脂肪极厚，用以保持体温。听觉、视觉和嗅觉都十分灵敏，在水下有回声定位能力。

海狮

海狮科包括5种海狮和8～9种海狗，二者外形大体相似，海狮体型略大，海狗小一些但毛皮质量极好，因此又称毛皮海狮或者毛皮海豹。所有海狮科的动物均来源于同一祖先，长有外耳，体型修长，四肢长而有力，在水中可以非常灵活迅速地追逐鱼类或其他动物，但不擅长深潜。

海狮分布范围广阔，从极地、温带到亚热带海洋均有海狮科动物生活，寒冷的北冰洋和南极洲的海洋是海狮最集中的地区。

海狮科动物大多数时间生活在海岸附近的海水中，有时也生活在大的河流入海口的盐沼中，偶尔会进入到河流的淡水中。交配和哺育是在陆上进行的，它们尤其喜欢多礁石的岛屿

或者偏僻的沙滩，海狮科动物可以活到20多岁。

海狮。海狮吼声如狮，雄性颈部密生漂亮的鬃毛，有"海中狮王"之称。海狮的后脚能向前弯曲，能够在陆地上行走。

已知的5种海狮是北海狮、加州海狮、南美海狮、澳大利亚海狮和新西兰海狮。其中北海狮体型最大，人们通常看到的被驯化进行演出的是加州海狮。

在我国，海狮被列为国家二级保护动物。

海狮表演顶球

海狮表演倒立

【拓展阅读】
海狮王国

海狮没有固定的栖息地，每天都要为寻找食物的来源而到处漂游。等到了繁殖季节，它们才选择一块儿固定的地方开始一场争夺配偶的激烈斗争。雌性怀孕达一年之久，每胎产一仔。

小海狮

身强力壮的雄兽首先到达岸边的繁殖场所，在海滩上或岩礁上割疆而治。此后成群结队的雌兽才浩浩荡荡地赶来，使海岸上呈现出一片十分热闹的景象。雄兽先是立在海滩上，热情地欢迎雌兽的到来，继而拼命争抢配偶，越是体型威武，本领高强的，抢到的雌兽就越多，最后形成了许多由一雄多雌组合的"独立王国"。

海龙皮

海狗肾

海狗。海狗因体型像狗而得名，又有点像熊，有人又称为海熊。已知的海狗有7~8种，分为北海狗和南海狗两个类型。海狗是国际保护动物。

栖息在北纬35°以北的北半球海域是北海狗，北太平洋是它们的故乡，在黄海及东海偶然可以见到。

北海狗属于洄游动物，冬春季节向南方洄游，散居各方，夏季，又陆陆续续回到原栖息地进行繁殖。北海狗的食物主要是鳕鱼、鲑鱼、海蟹和贝类。喜欢群居，经常聚集在岩礁或冰雪上，逍遥地享受日光浴。

北海狗毛皮上乘，被称为海龙皮；雄兽的生殖器称海狗肾或腽肭脐，属于名贵中药材。

南海狗有6~7种，分布在赤道以南直至南极的南半球沿海。南美沿岸是南美海狗，亚南极地区是亚南极海狗，此外还有新西兰海狗、南非海狗等。

海豹

海豹是鳍脚目中分布最广的一类动物，从南极到北极，从海水到淡水湖泊，都有海豹的足迹。南极海豹数量为最多，其次是北冰洋、北大西洋、北太平洋等地。

海豹家族有19位成员：有鼻子能膨胀的象海豹，有吻部密生长粗硬的胡须的髯海豹，有头形似和尚的僧海豹，还有雄兽头上具有鸡冠状黑皮囊的冠海豹。

海豹社会实行"一妻多夫"制。在发情期，雄海豹便开始追逐雌海豹，一只雌海豹后面往往跟着数只雄海豹，但雌海豹只能从雄海豹中挑选一只。因此，雄海豹之间不可避免地要发生争斗，狂暴的海豹彼此给予猛烈的伤害：用牙齿狠咬对方，有些雄海豹的毛皮便因此而

撕破，鲜血直流。战斗结束，胜利者便和母海豹一起下水，在水中交配。

象海豹

冠海豹

髯海豹

僧海豹

【相关链接】
国际海豹日

　　海豹因经济价值极高而遭到了严重的捕杀。许多海豹如格陵兰海豹、冠海豹等的数量急遽减少。为了保护海豹，欧盟国家已经关闭了海豹制品贸易；拯救海豹基金会在1983年决定每年的3月1日为国际海豹日。

本节小结

　　鳍脚目四肢趾间被肥厚的蹼膜连成鳍状，适于游泳。现存的有3科：海狮科、海豹科及海象科，中国仅有前2科。

练习与思考

　　鼻子在兴奋或发怒时可膨胀的海豹是（　　　）。

　　A. 髯海豹　　　　　B. 冠海豹　　　　　C. 僧海豹　　　　　D. 象海豹